包装印刷类专业规划教材

印刷成本计算

第二版

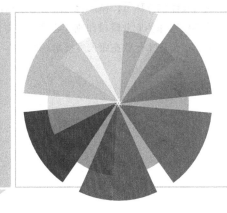

余艳群　主编
李嘉喆　李召华　副主编

化学工业出版社
·北京·

本书根据高职教育特点，分模块进行编写，主要介绍了印刷业务流程、印前工序计价、用纸量及纸款的计算、印刷费计算、印后加工计价、包装印刷品印后工序计价等内容，最后进行综合实训，其中每一模块都设有技能训练环节，模块后均附有习题和相应答案，以便学生巩固与提高，操作性强。

本书既可作为职业院校印刷工程及相关专业教材，也可作为印刷行业从业人员技术培训教材和自然读物，还可以用于本行业在职人员技术培训。

图书在版编目（CIP）数据

印刷成本计算/余艳群主编．—2版．—北京：化学工业出版社，2016.8（2023.1重印）
ISBN 978-7-122-27696-4

Ⅰ．①印… Ⅱ．①余… Ⅲ．①印刷工业-成本计算-高等职业教育-教材 Ⅳ．①F407.846.72

中国版本图书馆CIP数据核字（2016）第172299号

责任编辑：李彦玲　　　　　　　　　　　　文字编辑：张　阳
责任校对：宋　玮　　　　　　　　　　　　装帧设计：王晓宇

出版发行：化学工业出版社（北京市东城区青年湖南街13号　邮政编码100011）
印　　装：北京捷迅佳彩印刷有限公司
787mm×1092mm　1/16　印张8　字数201千字　2023年1月北京第2版第6次印刷

购书咨询：010-64518888　　　　　　　　　售后服务：010-64518899
网　　址：http://www.cip.com.cn
凡购买本书，如有缺损质量问题，本社销售中心负责调换。

定　价：29.00元　　　　　　　　　　　　　　　　　　　　版权所有　违者必究

第二版前言

为满足高等职业院校的教学需要，《印刷成本计算》第一版于2010年出版，在应用过程中得到了广大读者的大量反馈，也因此孕育了《印刷成本计算》第二版的出版。本书在第一版基础上，增加了一个模块的内容，并在编写过程中力求紧跟当前印刷发展趋势，内容符合高职教育特点，每一模块都设有技能训练环节，还有课后习题和相应解答过程及答案，以便学生巩固与提高。教材除了可作为职业院校印刷专业教材，也可作为印刷行业读者自学读物，还可用于本行业在职人员技术培训。

本书由泉州经贸职业技术学院余艳群主编，李嘉喆（泉州经贸职业技术学院）、李召华（空军第一航空学院）任副主编，曾琦、韩鹏参编。其中余艳群老师负责模块一、二（除模块二中项目三）的编写及全书的统稿，李嘉喆老师负责模块三、四的编写，李召华老师负责模块五、六（除模块五中项目一）的编写，曾琦老师（山东传媒职业学院）负责模块二中项目三和模块七的编写，韩鹏老师（湛江财贸中等专业学校）负责模块五中项目一的编写。特别感谢曾琦老师在这本书改版过程中的辛勤付出。本书在改编过程中还得到了李慧老师（山东传媒职业学院）等的大力支持。

由于水平有限、时间仓促，疏漏之处在所难免，敬请广大读者提出宝贵意见，以便进一步修改完善。

编者
2016年4月

目录 CONTENTS

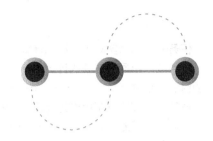

Unit 01 模块一 印刷业务流程 …………………… 1

项目一 印前接单 ………………………………………… 1
  任务一 了解印刷业务员应具备的条件 ………… 1
  任务二 熟悉印刷业务员的工作内容 …………… 2
  任务三 掌握业务承接的方法与技巧 …………… 4

项目二 成本计算 ………………………………………… 5
  任务一 了解成本计算的含义 …………………… 6
  任务二 精通印刷成本的计算方法 ……………… 7
  任务三 掌握印刷合同的签订 …………………… 7

项目三 生产实施 ………………………………………… 8
  任务一 熟悉生产工艺通知单 …………………… 8
  任务二 熟知印刷材料 …………………………… 12
  任务三 熟悉交货与结款 ………………………… 13

课后习题 …………………………………………………… 14

Unit 02 模块二 印前工序计价 …………………… 15

项目一 排版（制作）计价 ……………………………… 15
  任务一 精通汉字排版计价 ……………………… 15
  任务二 精通外文及中外文对照排版计价 ……… 16
  任务三 精通线条、表格稿的排版计价 ………… 17
  任务四 精通图片为主的页面制作计价 ………… 18

项目二 设计费、胶片输出与打样费 …………………… 19
  任务一 精通设计费用计价 ……………………… 19
  任务二 精通输出费及打样费的计价 …………… 20

课后习题 …………………………………………………… 21

Unit 03 模块三 用纸量及纸款的计算 ………… 22

项目一 纸张的规格、种类、换算及开纸方法 ………… 22
  任务一 熟悉纸张规格 …………………………… 22
  任务二 了解纸张的种类 ………………………… 22
  任务三 掌握纸张的重量、令数的换算关系 …… 24
  任务四 掌握纸张的开纸方法 …………………… 28

项目二 用纸量计算 ……………………………………… 28

任务一　精通实际用纸量的计算 …………………………………… 29
　　任务二　精通加放量的计算 ……………………………………… 31
　项目三　纸款计算 ……………………………………………………… 38
　　任务一　掌握纸张单价的计算 …………………………………… 38
　　任务二　精通纸款的计算 ………………………………………… 39
　课后习题 ………………………………………………………………… 40

Unit 04　模块四　印刷费计算 ………………………………… 42

　项目一　单色印刷费的计算 …………………………………………… 43
　　任务一　掌握单张纸印刷费的计算 ……………………………… 44
　　任务二　精通胶印书刊印刷费的计算 …………………………… 45
　　任务三　了解轻印刷部分印刷费的计算 ………………………… 47
　项目二　双色印刷费的计算 …………………………………………… 48
　项目三　四色印刷费的计算 …………………………………………… 50
　　任务一　掌握单张纸印刷费的计算 ……………………………… 51
　　任务二　精通书刊印刷费的计算 ………………………………… 51
　　任务三　熟悉数字印刷费的计算 ………………………………… 53
　项目四　包装、装潢、商标印刷费的计算 …………………………… 54
　项目五　CTP制版印刷费的计算 …………………………………… 56
　　任务一　掌握传统制版与CTP制版的区别 …………………… 56
　　任务二　精通计算过程 …………………………………………… 57
　课后习题 ………………………………………………………………… 59

Unit 05　模块五　印后加工计价 ……………………………… 60

　项目一　书刊装订的计价 ……………………………………………… 60
　　任务一　熟悉书刊装订工艺流程 ………………………………… 60
　　任务二　了解书刊装订方法 ……………………………………… 61
　　任务三　掌握书刊装订的计价方法 ……………………………… 61
　项目二　其他工艺的计价 ……………………………………………… 68
　　任务一　熟悉打码计价 …………………………………………… 69
　　任务二　熟悉啤、粘计价 ………………………………………… 69
　　任务三　熟悉压线计价 …………………………………………… 70
　　任务四　熟悉压纹计价 …………………………………………… 70
　　任务五　熟悉绕（腰）扎、胶头计价 …………………………… 71
　　任务六　熟悉包装盒对裱（卡纸对裱）计价 …………………… 71
　　任务七　熟悉纸箱和包装纸精切工包扎计价 …………………… 71
　课后习题 ………………………………………………………………… 72

Unit 06　模块六　包装印刷品印后工序计价 ………………… 73

　项目一　覆膜工艺的计价 ……………………………………………… 73

任务一　熟悉工艺流程 …………………………… 73
　　任务二　掌握计算方法 …………………………… 73
项目二　上光工艺的计价 …………………………… 74
　　任务一　熟悉工艺流程 …………………………… 74
　　任务二　掌握计算方法 …………………………… 75
项目三　烫金工艺的计价 …………………………… 76
　　任务一　熟悉工艺流程 …………………………… 77
　　任务二　掌握计算方法 …………………………… 77
项目四　凹凸压印工艺的计价 ……………………… 78
　　任务一　熟悉工艺流程 …………………………… 78
　　任务二　掌握计算方法 …………………………… 78
项目五　模切压痕工艺的计价 ……………………… 79
　　任务一　熟悉工艺流程 …………………………… 79
　　任务二　掌握计算方法 …………………………… 80
项目六　糊盒及糊封计价 …………………………… 81
　　任务一　熟悉工艺流程 …………………………… 81
　　任务二　掌握计算方法 …………………………… 81
课后习题 …………………………………………… 82

Unit 07 [7]　模块七　综合实训 …………………………… 83

项目一　印刷品的总费用 …………………………… 83
项目二　单张纸类印刷品总费用的计算 …………… 83
　　任务一　精通单页、折页、海报类总费用的计算 …… 83
　　任务二　掌握包装、装潢类总费用的计算 ……… 85
项目三　书刊、画册类印刷品总费用的计算 ……… 87
　　任务一　精通书刊类总费用的计算 ……………… 87
　　任务二　精通画册类总费用的计算 ……………… 89
　　任务三　掌握票据类总费用的计算 ……………… 91
课后习题 …………………………………………… 93

模块二～七习题答案 ………………………………… 94

附录 …………………………………………………… 103

附录1　汉字文字字号、级数、点数和宽度对照表 …… 103
附录2　常用开本尺寸值 …………………………… 104
附录3　图书、杂志国际标准开本 ………………… 104
附录4　常见开本版面容字量及相关信息 ………… 105
附录5　北京地区工价体系 ………………………… 106
附录6　上海地区工价体系 ………………………… 113
附录7　广东地区工价体系 ………………………… 116

参考文献 ……………………………………………… 120

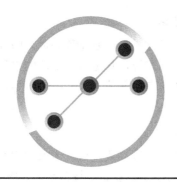

印刷业务流程

随着生活水平的提高和审美观念的不断更新,人们对印刷品的要求也越来越高。比如一本好的书籍,人们不但要求内容丰富,还要求具有精美、个性化的外观。消费者购买产品,首先触及产品的外观。因此外观精致很容易提高产品的美感,给人以视觉上和精神上的享受,引起消费者的购买欲,促进销售。怎样才能提高产品质量、增强印刷企业竞争力,成为一个至关重要的问题。而印刷生产的各个工艺都对印刷品的最终形态和使用性起着决定性作用。因此,了解印刷品的业务流程是非常有必要的。

印刷品的业务工艺流程主要包括:接单、核价、生产实施、印后加工、送货、交货、结款等环节。

项目一 印前接单

印刷企业的加工特性,决定了客户在生产经营中的特殊地位。没有客户,就无法开展生产经营。客户是企业的上帝,订单是企业的生命,失去订单与客户将危及企业的生存,所以说做好订单与客户的工作责任重大。订单的额度和数量与业务员的能力和业务水平有直接的关系,作为印刷企业的业务员,其工作性质和应该具备的条件将会在本项目讲解。

任务一 了解印刷业务员应具备的条件

1. 了解新闻出版行业相关的政策、法规

新闻出版行业的政策法规决定一个印刷企业的加工范围,有些企业只能做商业印刷,有些企业可以印刷书刊、杂志,有些企业可以印刷信封和包装盒。明确了企业的加工范围,对于业务的选择有一定帮助。

2. 熟悉印刷工艺流程及技术要求

熟悉印刷工艺流程是成本计算的基础。从主要流程来说，印刷工艺分为印前工艺、印刷工艺、印后工艺。但是具体到一件印刷品来说，它是多个工艺的累积，漏掉任何一部分都会影响到印刷品的报价。印刷品的技术要求主要指颜色、尺寸、分辨率、印后工艺技术必须符合印刷工艺设计要求。

3. 掌握印刷成本计算的基本原则

印刷成本计算的基本原则是报价不可过高或过低，多家印刷企业相互竞价时，不可相互压价，不可扰乱市场价格，做到公平竞争、合理报价、诚信至上、服务到位。

4. 具有处理人际关系的能力

业务员要掌握对外关系方面的技术和技巧，开拓和维护自己的客户群。而对印刷包装行业来说，一个人能力再强，接到了再好的订单，如果公司没有好的技术力量支持，没有好的生产队伍去配合，没有好的质量管理队伍做保障，其结果也会大打折扣，甚至会让客户感觉到所托非人。因此，业务员也要学习与内部员工合作的技巧，与各部门的人员打成一片，使其自觉完成客户订单。

5. 掌握一定的法律知识

印刷业务员要了解合同法、票据法、经济法等法律知识，按照国家法律及印刷行业管理条例来承接印刷任务，做到知法、守法、懂法、用法。比如，《印刷业管理条例》指出，印刷企业在明知印刷品有问题时，有责任拒绝印刷并向有关部门举报。业务员在工作中，应当遵守该条例的规定，保证印刷品的质量。

6. 了解物流知识

了解运输、装卸、搬运、保管、配送、报关等知识。送货方式可以自提，也可以送货上门，路途较远的可以发货运或者快递，但要处理好送货费用的结算。

任务二　熟悉印刷业务员的工作内容

印刷企业业务人员的工作不是被动地接受订单，而是要主动地进行业务开拓，对准客户实施推销跟进，以达成订单为目标。因此，业务人员的主要工作如下。

1. 寻找客户

通过各种途径寻找新客户，密切跟踪服务老客户。

（1）普遍寻找法

这种方法也称逐户寻找法或者地毯式寻找法。其方法的要点是，在业务员特定的市场区域范围内，针对特定的群体，用上门、邮件或者电话、电子邮件等方式对该范围内的公司无遗漏地进行寻找与确认的方法。

（2）广告寻找法

这种方法的基本步骤是：向目标顾客群发送广告；吸引顾客上门展开业务活动或者接受反馈。

（3）介绍寻找法

这种方法是，业务员通过他人的直接介绍或者提供的信息进行顾客寻找，可以通过业务员的熟人、朋友等社会关系，也可以通过企业的合作伙伴、客户等由他们进行介绍。

（4）咨询寻找法

一些组织，特别是行业组织、技术服务组织、咨询单位等，他们手中往往集中了大量的客户资料和资源以及相关行业和市场信息，通过咨询的方式寻找客户不仅是一个有效的途径，有时还能够获得这些组织的服务、帮助和支持。

（5）企业各类活动寻找法

企业通过公共关系活动、市场调研活动、技术支持和售后服务活动等，一般都会直接接触客户，这个过程中对客户的观察、了解、深入的沟通都非常有力，也是一个寻找客户的好方法。

新业务员一定要敢于和陌生人说话，要有胆量推销自己，推销工厂和产品，通过各种途径寻找客户，如：可以主动和别人交换名片，以备使用电话、电子邮件和对方进一步联系；也可将自己的名片留给对方，请对方在需要的时候联系；通过互联网查找潜在客户联系方式进行联系，等等。

优秀的业务员要处处留心。有的业务员为了寻找新的客源，哪怕是跟同学朋友聚会，也不放过任何机会，只要和印刷有关的产品，如时尚服装、运动鞋、化妆品等，都会关心过问，从时尚服装和运动鞋中联想到产品的外包装，研究商家和顾客的心理，了解客户对消费品包装的要求细节。有的业务员在乘坐汽车的时候，也会留意身边乘客的交谈，如果听到身边两个乘客在谈论找印刷厂的事情，便会抓住机会，鼓起勇气向对方表明身份和意图，从而轻松得到订单。

开发新客户比维护老客户更需要精力，所以也可以把重点放在挖掘老客户的潜能上，细节决定成败，用细致周到的服务来赢得老客户业务量的不断增长。对于长时间没有后续订单的客户，业务员可以上门拜访，征求意见，并向客户介绍公司最近研发的新工艺、新技术以及获奖印品，用事实胜于雄辩的说服力，赢得客户的好感与信任。

2.设定目标

设定目标是指，业务员通常提前一天或者一周制订好寻找客户的计划，并制订好本月或本季度的业务额度。业务员做事要有计划性、规律性、目的性。详细的计划通常细致到几点几分去拜访什么客户，且每天的业务路线都有详细的规划。

3.传播信息

是指将企业产品的信息传播出去。业务员和潜在客户初步接触之后，可递交本企业的简介，比如企业的位置、厂房面积、员工数量、现有设备、产品质量、服务项目等，最好能用成功案例突出本企业的优势。最后要注意注明本企业相关人员的姓名和联系方式。

4.推销产品

是指推销本企业有代表性的产品，此产品能代表企业制作水准和实力。业务员要主动与客户接洽，展示产品，以获取订单为目的。

5.提供服务

提供产品的售后服务，及对客户的服务。

开发业务后如何服务、如何维护好业务很重要。由于开发新的客户难，周期较长，成功率低，因此，在现有的客户中扩大业务份额是捷径。

（1）产品的服务。要想在服务上取胜，就要特别注意细节。专业、细致的服务既是开发好业务的前提，同时也是维护好业务的必要条件。业务员要对自己所有的产品都了如指掌。每天都要去车间走走，关心产品进度的同时，可以在第一时间发现问题、解决问题。每天下班之前都要整理思绪，回忆一下今天的工作，特别注意新产品，预估可能会在哪个环节上有问题，主动找权威人士商量，先打预防针以引起重视，生产时问题就会减少很多；同时还要特别重视那些改过胶片的老产品，只有检查后确认无误才算完全放心。

（2）客户的服务。很多客户是外行，业务员可在产品的工艺、交付期、质量上替他们把关，提高客户对业务员的信任度、依赖度。同时还要动脑筋给客户提供有利于他们行业的信息，让客户感到他选择的供应商"物超所值"。

以"客户完全满意"为服务宗旨，就能赢得更多客户，争取到更多的订单。

6. 收集信息

收集市场信息，进行市场考察。

首先要明确市场调查范围。企业的印刷机型会对营销人员承接的任务提出要求，如：印刷方式、印数、纸张，业务员应当根据要求，在目标市场范围内进行调查。

市场考察的目的是初步了解市场的状况，确定目标市场，可通过各种渠道来完成，如：注意观察公开出版物中的有关信息；通过电话、网络和实地查看，来了解需要印品的组织和联系方式；根据本人的社会关系了解印刷方面的情报。

任务三 掌握业务承接的方法与技巧

印刷企业的加工特性，决定了客户在生产经营中的特殊地位。没有客户，就无法开展生产经营。因此，印刷企业的业务员在承接业务时，要把握相应的原则和技巧。

1. 必备物品

（1）各类优美的印刷样品（根据客户要求带一定样品）。

（2）各种印刷纸张样品（根据客户要求带一定样品）。

（3）计算器、圈尺、手机及手提包。

（4）衣装、领带、皮鞋干净，样式、样色搭配大方、得体，既不要过分张扬而显得不稳重，也不要过于正式而显得刻板。

（5）稿纸、笔、名片、合同、收据、发票（均采用公司专用印制品）。

2. 企业介绍

企业介绍是指介绍公司的规模、设备、人员、经营范围、地址、大的合作客户。介绍企业的目的是让客户对企业有所了解，并愿意提交订单。企业介绍一定要真实，不可胡乱吹嘘。

3. 工艺描述

工艺描述是分析产品的过程，你面对的客户大多数是不了解印刷工艺的，所以业务员要具体详细地给客户分析产品工艺，包括颜色、材料、尺寸、加工过程、加工周期、加工难度。让客户对自己的产品做到心中有数。

4. 版式设计

版式设计是设计制作的加工过程，也是拿到原稿后进行设计的第一步，更是产品达到满意效果的关键一步。

（1）版式设计的要求

版式设计是书籍装帧设计的重要部分。版式设计要结合书籍的内容，既要经济实用，又要美观大方。对于不同的书籍，版式设计的要求不同。儿童读物要求生动活泼、图文并茂；科技图书要求层次清晰，公式、图表准确；辞书要求庄重、大方、规范。各类书籍的版式设计要做到标题的字体和字号突出醒目、形式活泼、段落清楚、层次丰富、便于阅读。正文字号、字体和外文字母正斜体、黑白体要标明。插图、表格位置安排要合适。宣传画、包装盒要突出主题、色彩鲜艳、美观大方。

（2）版式设计的程序

① 收集资料过程。

② 分析资料过程。

③ 初步设计过程。

④ 挑选方案过程。

⑤ 正式设计过程。

（3）版式设计的内容

① 确定成品尺寸和设计尺寸。

② 确定版式。版式就是印刷品的版面格式。对于书籍来说，就是篇、章、节、目、正文等的字体、字号、排放位置及尺寸、版心尺寸、版权、内容提要，目录的位置和字体、字号等。

③ 确定排版方式和印刷方式以及装订方式。

④ 对外来设计稿进行检查，包括尺寸、颜色、分辨率、出血等。

⑤ 确定出版物的版权内容和位置。

5.报价技巧

① 认真观察客户实力和客户印刷样。

② 仔细测量样品规格和纸质及各种印后、印前工序。

③ 用计算器详细计算成本和盈利。

④ 报价采用双关语，做到价不高（指不高出客户心理价），价不低（指低出同行价）。

⑤ 讲价时，与客户协商报出价的理和据。

如：选用纸张大小，纸质好与坏，胶片国产和进口，印刷质量，交货时间，选用什么机器印刷等，利用一些先进、良好条件让对方接受你的报价。

⑥ 风度：老练、大方、诚实、有责任感。

⑦ 语言和气：讲礼貌，讲文明，先笑后讲，不卑不亢。

项目二　成本计算

印刷品的价格很复杂，它与纸张、印刷、后加工和设计制作等有很大关系。印刷成本的计算直接影响到印刷企业的生产效益，关系着企业的生存发展。因此，掌握印刷成本的准确计算方法非常必要。

任务一　了解成本计算的含义

印刷成本包含两层含义：第一层含义是针对客户来说的，是指客户需要为待印刷的活件支付的印刷费用；第二层含义是对印刷企业而言，此时其又包含了两方面，一方面是印刷该活件的实际成本，如人工成本、材料成本、机器折旧成本、水电成本、场地成本等实际已发生的成本，另一方面包括印刷企业印刷该活件的利润，这两个方面加起来就是印刷企业加工该活件应当收取的加工服务费。

计算印刷成本时涉及的主要内容有以下几方面。

（1）设计制作费

不同公司的设计水平不同，收费不同。计算设计费时有单件计算法和多件计算法，纸盒一般采用单件计算法，书刊一般采用多件计算法。

（2）印前其他费用

具体包括图片扫描、拼版、出片、打样等。扫描以图像信息量大小（兆）为计价单位，拼版、出片按幅面大小（对开、四开等）收费，打样按幅面和色数收费。客户自带光盘或胶片等，应扣除相应项目的费用。

（3）材料费

就印品而言，材料费用在整个印刷成本费用中占很大比重。所以精确地控制材料的用量是控制印刷成本的最佳方法。印刷过程中的材料费主要是指版费、承印材料费等，而材料费为材料使用量与单价之积，所以在材料费的收取中一定要掌握材料用量的计算公式。

不同的印版计价方式不同，PS版以张为单位计价，烫印版、柔性版等按面积计价，承印材料一般以吨或令为单位计价。

（4）印工费（即印刷加工费）

不同类型和档次的印刷设备、不同的印刷厂或印刷工艺，其印工费的标准不同，印工的核算是按单套版来计算的，即单套版每一千张一色的价格。同时，印刷厂制定了一个单套版的最低印工价格，即所谓的开机费，当印量较少时，按开机费计算（即起步价）。

印刷加工费与印刷数量有很大的关系，数量愈少单价愈贵。但是通过选择合适制作工艺可以节约成本，小批量印刷如果是百张以下，可以选择"数码印刷"。印刷质量与印刷机品质有关，高质量要求通常需支付较高费用。如果是千张以下应当选择"短版印刷"，例如使用海德堡小型印刷机。

（5）印后加工费

印后加工工艺有很多种，计算方式主要以加工件数或加工面积为单位进行计算。上光、覆膜、烫印等以加工面积计费。

（6）其他费用

如打包费、运输费、加急费等，这部分费用一般由双方协商确定，灵活性较大。

（7）税金

按国家有关税法规定应交纳的税收。

综上所述，印刷成本＝印前制版费＋材料费（含损耗）＋印工费＋印后加工费＋其他费用＋税金。

任务二　精通印刷成本的计算方法

在印刷活件的成本计算方法上，印刷企业大体上采取下面三种方法。

1.根据印刷加工工序计价

印刷工序主要包括设计、制版、印刷、印后加工，计价时把这4项费用（含相关的材料费，如胶片费、PS版材费或CTP版费）加起来，再加上印刷活件所需的承印材料费即可。

2.根据印刷对象类别计价

首先将要印刷的活件进行分类，然后按照印刷工序计算每项的费用，最后将每一个要印刷对象的成本汇总。

3.根据印刷工艺管理ERP系统计价

印刷ERP（Enterprise Resources Planning）系统（印刷行业企业资源计划系统）是把印刷行业管理方法与计算机技术相结合而产生的印刷行业专用的企业资源管理计划。与传统的人为与纸质管理方式相比，它实现了电子计算和统计，对印刷行业生产、排产、进度等方面管理得更专业，涵盖面更广。它包括了对印刷企业所有部门的管理：业务接单、工艺分解、车间生产、采购、库房、财务、送货，等等。

在ERP系统中有工艺报价设置模块，它将工价计算模块分为按系统估价和按成本报价两部分。该模块将材料成本、印前成本、印刷成本、印后成本、包装运输费用和管理费用同时编入工价计算模块，报价人员根据客户的需要，输入简单的印张数，选择客户要求的印刷材料就可以简单叙述工艺顺序，向客户提供大致的估计价格。同时，报价模块会计算出此印件的成本金额，大大缩短报价人员的计算时间。点击鼠标，数据马上生成，又可以将估价和成本相比较，严格控制生产成本，还可以成功解决计量单位换算的问题。

任务三　掌握印刷合同的签订

合同是两方或多方为经营事业或在特定的工作中，规定彼此权利和义务所制订的共同遵守的条文。

一、印刷合同

印刷合同书

甲方：_____　　　　　乙方：_____
地址：_____　　　　　地址：_____
电话：_____　　　　　电话：_____
甲乙双方经友好协商，兹就甲方委托乙方制作，甲方达成以下协议：
印品名称：_____　　　　尺寸：_____
材料：_____　　　　　数量：_____
单价：_____　　　　　总价：_____
根据《中华人民共和国合同法》及有关法律规定，经甲、乙双方共同协商签定本合同，以资共同严格履行。

1. 付款方式：合同签订付_____预付款，其余货款交货验收合格时一次付清。
2. 交货时间：_____年_____月_____日
3. 交货地点：_____

印刷质量标准：

（1）甲方应认真审核设计制作文件，经甲方确认后开印。甲方确认后，若仍有错误，乙方不承担任何责任及费用；若甲方要求改版，其损失费用由甲方承担。乙方根据甲方设计制作图文印刷如有问题，乙方不负责任。

（2）乙方应严格按照甲方制作工艺要求，如因乙方原因导致印刷品出现质量问题或与清样内容不符，甲方有权拒收产品；乙方应按甲方的制作要求进行更改或重新制作，费用由乙方承担。

（3）任何一方违反本合同条款，另一方有权终止合同的履行，保留索赔违约金和由此造成的一切经济损失的权力，并按《中华人民共和国合同法》及有关法律规定，由违约方承担经济和法律责任。

（4）本合同一式两份，甲乙双方各执一份。未尽事宜双方协商解决，协商不成，由仲裁机构仲裁。

甲方： 乙方：
签字： 签字：
日期： 年 月 日 日期： 年 月 日

二、收取定金

向客户讲明定金原因：
A. 打稿、打样、投资成本
B. 让客户有诚意
C. 拒绝有欺骗言语表情，让客户理解收取定金的必然性

项目三 生产实施

任务一 熟悉生产工艺通知单

生产工艺通知单的下发与填写是印刷生产实施过程中非常重要的一环，它可以让一线工人详细了解印件内容及正确掌握生产进度。因此，设计、制版、印刷、印后加工等工序的操作人员应该熟悉生产工艺通知单的内容，并详细了解它的含义。

一、排版、制版设计工艺单

排版、制版设计施工单格式如表1-1、表1-2所示。

二、客户校稿与签字

提醒客户重视校稿，注意文字、规格、色样、交货时间等，并让客户核准签字。业务员不得代签。

表1-1　某印刷厂排版设计施工单

委印单位：		委印单号：		业务员：		
产品名称		书号		版次		
开本		成品尺寸		装订方法		册数
原稿类别、数量			签收人			
第1次校稿时间		第2次校稿时间		第3次校稿时间		
承接时间		要求完成时间		实际完成时间		

排版要求						
	字体	字号	行长	行距	版高	排法	备注
正文							
一级标题							
二级标题							
三级标题							
表格							

说明：①注意保存原稿；②确保工期，按时完成。

表1-2　某印刷厂制版生产施工单

委印单位：		委印单号：		业务员：		
产品名称		书号		版次		
开本		成品尺寸		装订方法		册数
原稿类别、数量			签收人			
第1次校稿时间		第2次校稿时间		第3次校稿时间		
承接时间		要求完成时间		实际完成时间		

制版要求						
项目	色数	线数	阳图	样张	载体	备注
封面						

说明：①注意保存原稿；②确保工期，按时完成。

三、印刷生产工艺单

印刷生产工艺单如表1-3所示。

表1-3 某印刷厂印刷生产工艺单

委印单位：		委印单号：		业务员：	
产品名称		书号		版次	
开本		成品尺寸		装订方法		册数	
页码数		印张数		天头		订口	
承接时间		要求完成时间		实际完成时间	
排版顺序					

项目	开数	面数	印法	印色	纸名	单位	用纸	加放量	合计	来源
正文										
封面										
包装										
送书联系人、联络方式										

说明：①确保工期，按时完成；②交页数量：正文，封面。

四、生产工艺流程

印刷品的生产工艺流程按其制作过程可以大体分成三个步骤：印前、印刷、印后。对于设备不齐全的印刷厂，需要和其他企业协作完成：印前工作主要是由广告公司和制版中心分担，印刷主要是由具有印刷设备的印刷厂完成，印后加工则是由印刷后道加工的企业（一般具有模切机、烫金机、糊盒机、覆膜机、上光机等）完成。而一些设备齐全的印刷厂往往通过各个部门的协作来完成印刷品的生产。

1.印前

印前生产，一般要经过原稿的设计、制作、印版晒制等工艺过程。

（1）设计制作

专业的出版社、杂志社、广告设计公司和非专业的企业、机构、团体甚至个人提供的稿件往往是不同的。对从不同制作阶段发来的稿件应有相应的处理方法。

有一些非专业客户能够提供的只是一些手稿、word文档、Logo、照片和一些思路。设计人员应该首先与客户沟通，了解他们的想法，比如色调、性质、开本、纸张、装订形式的要求，个人喜好以及成本范围。了解清楚信息后再着手设计，可以做到有的放矢，避免做无用功，使设计更容易为客户所认同。设计定稿前会有多次反复沟通校对的过程，敏锐地感知客户的要求和向客户提出好的建议是必要的。设计人员对印前知识要非常了解，设计文件应符合印刷要求，保证定稿后的输出工作会顺畅进行。

（2）电子完稿

按照版面规划的初稿，以电子稿方式处理完整稿件，并明确指出制版的各项特殊指示。也有很多专业的客户自己制作好了完备的电子文件。收到文件后，印前工务人员要对文件进行出片前的检查，如成品尺寸是否正确、是否缺字体、图的格式是否正确、分辨率是否够印刷标准、边图是否出血、要保留的内容距离裁切线是否够远、是否有乱码，等等。当然，有的问题要打出数码样后才会发现。

（3）制片输出

有的客户有制作好的文件和图片原稿，可用电分扫描设备将照片、反转片、印样甚至菲林原稿转化为高印刷精度的图片电子信息，然后进行修图、调图、换图。文件制作完备后就可以进行数码打样。

（4）校对作业

数码打样是印刷跟色的依据，客户拿到打样后对于图片颜色、文字、版式等内容一定要认真核对，有问题的部分重新改正，再打样确认，直至完全正确无误。

（5）制版

打样确认完毕后，会因为最终出版的形式不同而分成两个程序：如果采取CTP的出版印刷方式，在电脑里用专业拼版软件拼大版，然后打一套数码蓝纸，即可出印版，方便而快捷，是现代印刷的发展趋势；也可以输出菲林，像传统方式一样，晒PS版。

综上所述，印前操作流程如下：

设计排版→校稿定稿→客户签字→打样→客户签字→输出菲林片→制作PS版

注意：业务员在接受原稿时，要清点原稿的数量，查验原稿的质量，注意对原稿的保护，在取稿和向企业交稿时，都要让客户签字，分清责任。向客户交送样件的时候也是一样的，要检查送出校样和与对应原稿的数量，校验样件的质量，在取样和向客户交样时，要履行签字手续，分清责任。

2. 印刷

印刷生产工艺流程如下。

① 材料、工艺及客户意图确认。

② 菲林、样书、打样以及相关辅助资料的整理与确认。

③ 开具生产传票。

④ 工艺审核。

⑤ 编制生产计划。

⑥ 编制生产作业工程单。

⑦ 拼版作业（拼版质量检查与确认）。

⑧ 印刷作业（印刷作业巡检及印刷成品大检）。

3. 印后

印刷品的印后加工包括两大类：印品的表面整饰加工及印品的成型加工。表面整饰是对印刷品表面进行美化装饰，以此提高印品表面的光泽性、立体感、耐磨性等，从而改善印品的外观效果，使印刷品变得更加绚丽多彩，尤其通过对印品进行精加工的修饰和装潢，可再度提高印刷品艺术的表现力和产品的档次；成型加工包括对书刊、书本的装订，对包装盒的模切压痕等加工。

任务二　熟知印刷材料

一、菲林片

印刷制版所用的胶片，被称为菲林片，用菲林片晒PS版即可上机。

菲林片都是黑色的，菲林的边角一般有一个英文符号，即菲林的编号，标明该菲林是C、M、Y、K中的哪一张（或专色号），从而表示这张菲林是什么色输出的，如果没有，可以看挂网的角度，来辨别是什么色。旁边的阶梯状的色条是用来进行网点密度校对的。色条除了看网点密度是否正常，还有一个功能就是看CMYK，色条在左下角是C，色条在左上角是M，在右上角是Y，在右下角是K，所以只要根据色条的位置，印刷厂就知道CMYK了。也就是说，为了方便检验菲林显影的浓度，菲林片的角上有颜色编号。

校对菲林片应注意以下内容。

① 校对前检查所需资料是否完整，具体包括以下几方面。

a. 版面/文字/色彩/尺寸（图纸）资料。

b. 设计/制（改）版。

c. 菲林检验表。

d. 纸箱/商标标识卡。

② 每张软片有没有脏。

③ 软片上面有没有划伤的痕迹。

④ 角线有没有缺少。

⑤ 版面和文字的正确无误。

⑥ 角线和各色版的套印准确度。

⑦ 图案是否完整。

⑧ 尺寸有没有问题。

⑨ 有没有出血。

⑩ 各专色版有没有存在分色错误。

⑪ 咬口位及软片四周有没有这些内容：产品名称（和输出批次）、尺寸、色标、输出日期、制作人代码、校色条。

⑫ 网线角度有没有重网。

二、纸张

认真选用纸张材料，绝不是说可以偷工减料，粗制滥造而不顾出版效果，如用普通纸印较为精细的网线版，会使版面模糊，全部无效，造成浪费。又如普通读物可选用新闻纸，而需长期保存的书籍就不能用易于风化的新闻纸。总之，应在不影响印刷效果及质量的条件下，尽量选用成本较低的纸张，以降低图书成本。

作为印制人员，为了在制版、印刷、用纸等方面降低图书成本，就必须熟悉和掌握印刷生产方面的技术业务知识、书刊印刷工价标准及纸张规格。只有这样，才能做到较好地运用印刷厂的生产能力，使图书质量提高、生产周期缩短、图书成本降低。印制人员还要把印刷工作做细，在每个环节上都要创造有利条件，尽量避免印制工作上的失误，达到既要保证印制质量，又要降低图书成本的目的。

三、印版

1. PS版

PS版是印刷用的铝版,具体地说就是在PS版上晒菲林。

光聚合型用阴图原版晒版,图文部分的重氮感光膜见光硬化,留在版上,非图文部分的重氮感光膜见不到光,不硬化,被显影液溶解除去。光分解型用阳图原版晒版,非图文部分的重氮化合物见光分解,被显影液溶解除去,留在版上的仍然是没有见光的重氮化合物。PS版的亲油部分是高出版基平面约3μm的重氮感光树脂,是良好的亲油疏水膜,油墨很容易在上面铺展,而水却很难在上面铺展。PS版的亲水部分是三氧化二铝薄膜,高出版基平面约0.2～1μm,亲水性、耐磨性、化学稳定性都比较好,因而印版的耐印率也比较高。PS版的空白部分具有较高的含水分的能力,印刷时印版的耗水量大,水、墨平衡容易控制。

2. CTP版

CTP(Computer to Plate)即脱机直接制版。CTP就是计算机直接到印版,是一种数字化印版成像过程。CTP直接制版机与照排机结构原理相仿。起制版设备均是用计算机直接控制,用激光扫描成像,再通过显影、定影生成直接可上机印刷的印版。计算机直接制版是采用数字化工作流程,直接将文字、图像转变为数字,直接生成印版,省去了胶片这一材料、人工拼版的过程、半自动或全自动晒版工序。

任务三　熟悉交货与结款

一、交货技巧

交货时,要分散客户注意力(避谈产品不足之处),多介绍产品优点,以及客户的关心点,让客户满意为止。

二、结款技巧

货验收后一定要让客户签单(送货单),然后再向客户提供收款凭证(收据或发票),让客户履行协议或合同收款方式。

多讲自身或所属公司的难点,少讲对方不是,让客户不付款有点理缺感。

实在因其他原因不能付款,让对方领导签没付款字样,并写明下次付款时间。

三、过错和质量问题的处理

① 如是对方过错,根据实际数量和客户态度和平解决,让对方尽量承担纸款、印费、及其他费用,协商致双方达成共识为止。

② 如是我方过错,以能让对方接受为目的,可以降价、赠送、下次重印等方法处理。

四、客户回访

1. 客户回访目的

① 通过客户回访，能够准确掌握每一个客户的基本情况和动态。
② 在对客户有详实了解的基础上，有针对性地对不同客户进行不同方法的维系与跟踪回访。
③ 了解客户需求，便于为客户提供更多、更优质的增值服务。
④ 发现自身存在的不足，及时改进提高。
⑤ 提高客户满意度。

2. 客户回访工作流程

（1）咨询客户的回访
① 询问客户对业务员的服务态度、专业技能、公司服务管理的满意度如何。
② 了解尚未签约的原因是什么。
③ 了解客户放弃计划的原因是什么。

（2）签约客户的回访
① 询问客户对公司产品的意见，比如，对业务员的专业知识技能、公司服务管理满意度如何，对整体服务进行满意度调查。
② 了解客户是否还有其他的服务需求或者投诉和建议。

课后习题

1. 印刷业务员应具备的条件是什么？
2. 印刷业务员的工作内容是什么？
3. 业务员工作时必备的物品有哪些？
4. 版式设计的程序是什么？
5. 印刷品成本的主要内容是什么？
6. 交货时出现过错和质量问题怎么处理？

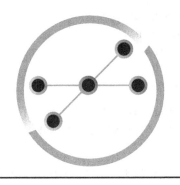

模块二 印前工序计价

Unit 02

在传统印刷中，印前加工是指印刷厂接到出版社或委印单位交付的原稿，经过印刷厂录入、扫描、排版、打样、拼版等加工后，输出印版的过程。印前工序具体可分为设计、排版、出片、打样等几个加工项目，而印前工序所产生的费用即这些项目所产生费用的总和。其计算公式为：

印前总价＝设计费＋排版费（制作费）＋胶片输出费＋打样费　　　（式2-1）

项目一　排版（制作）计价

 任务一　精通汉字排版计价

文字是报纸、文件等常见的版面内容。同时在印刷品中占有相当大的比例。因此，学好这部分的排版计价对从事出版印刷计价业务的人员非常重要。

排版费＝面数×单价　　　（式2-2）

具体单价见表2-1，仅供参考。

表2-1　汉字排版价格表

项目	计算单位/P	工价/元
社会、自然科学类	面	10.00
古典类（不混排及行间不串排大小字）	面	10.00
古典类（行间单双行混排）	面	13.00
字（词）典类	面	13.50

说明：

① 32开每面容纳字数的基础含义是750个五号字。如选用的字号大小不同，则小于五号字的产品，用实际排出面数，乘以实际版面字数除以750的商数，作为该产品的计价总P数，如某32开产品，使用小五号字，实际排出400P，每面可容纳900字，则900/750＝1.2，计价用P数即为400×1.2＝480。而大于五号字的产品，排出的实际版面数就是该产品的计价总P数。

② 委印单位要求排繁体字的，按不同内容不同档次的基础价格加20%。

③ 零星版面如提要、目录、扉页等可按1600字/P（16开）自然科学类页面计算，32开减半，以此类推。

④ 出胶片（菲林），32开每面5元（硫酸纸每面1元），如拼大版，32开每面7元（含胶片费，硫酸纸每面3元），16开加倍，64开减半。

⑤ 上表价格是以32开为标准，16开加倍，64开减半。

【例2-1】一本32开书籍，共444面，其中自然科学类文字436面，五号字；提要、目录等共5面，其余为字典类页面，封面另计，问此书排版费为多少？

【解析】

自然科学类文字排版费＝面数×单价＝436×10＝4360（元）

零星版面文字排版费＝面数×单价＝5×（1600/2/750）×10元＝53.5（元）

字典类文字排版费＝面数×单价＝（444-436-5）×13.5元＝40.5（元）

计价明细单如下：

对象	加工项目	单位	数量	单价/元	金额/元	备注
自然类	排版	面	436	10.00	4360.00	
零星类	排版	面	5.35	10.00	53.5	
字典类	排版	面	3	13.50	40.5	
排版			小计：4454元			

【技能训练1】某厂接到一本社科类教材书稿，16开本，正文351面，扉页、目录等8面，封面另计，试计算这本教材的排版费。

正文排版费＿＿＿＿＿＿＿＿＿＿＿＿＿＿＿＿＿＿

零星版面排版费＿＿＿＿＿＿＿＿＿＿＿＿＿＿＿＿＿＿

总排版费＿＿＿＿＿＿＿＿＿＿＿＿＿＿＿＿＿＿

任务二　精通外文及中外文对照排版计价

与汉字原稿排版不同，纯外文及中外文对照排版价格的计算单位为每行每厘米，引出公式：

排版费＝面数×行数×版心宽度×单价　　　　　　　（式2-3）

具体价格见表2-2，仅供参考。

表2-2　纯外文及中外文对照排版价格表

分类	计算单位	俄、英、德、法、日文	
		6～10磅字	12磅字
纯外文排版	每行每厘米	0.037	0.03
中外文对照排版	每行每厘米	0.048	0.04
三种文字对照排版	每行每厘米	0.065	0.05

说明：

三种文字以上每增加一种语种加价10%，最多不超过40%，黑体字、国际音标各加价10%。其余均与纯中文排版一样。

【例2-2】有一本32开外文书籍，正文共238面，全英文（10磅），每面能容27行，版心宽度11厘米，封面另计，问此书内文的排版费为多少？

【解析】计价明细单如下

对象	加工项目	单位	数量	单价/元	金额/元	备注
正文	排版	每行每厘米	238×27×11	0.037	2197.80	
排版			小计：2197.8元			

【技能训练2】有一本32开日文书籍，正文137面，其中有黑体字的是21面，每面25行，版心宽度10厘米，字号为8磅，封面另计，试计算这本书籍的排版费？

纯日文排版费＿＿＿＿＿＿＿＿＿＿＿＿＿＿＿＿＿＿

黑体字加收排版费＿＿＿＿＿＿＿＿＿＿＿＿＿＿＿＿

总排版费＿＿＿＿＿＿＿＿＿＿＿＿＿＿＿＿＿＿＿＿

任务三　精通线条、表格稿的排版计价

在一些产品说明书中，所用到的表格很多，这跟上面所讲的中文排版有比较大的差异，故单独列出。

引出公式：

$$排版费 = 面数 \times 单价 \qquad (式2-4)$$

线条、表格稿排版价格见表2-3，仅供参考。

表2-3　线条、表格稿排版价格表

分类	单位	整版部分/开				非整版部分	
		8	16	32	64	50cm²	每平方厘米
一般简单表格	面	16	8	5	3	2	0.04
竖线、横线俱排，文字数码占全面积30%以下的表格；只排竖线或横线的，文字数码占70%以下的表格	面	28	14	7	5	3	0.06
竖线、横线俱排，文字数码占全面积30%～50%的表格；只排竖线或横线的，文字数码占70%以上的表格	面	40	20	10	7	3.5	0.07
竖线、横线俱排，文字数码占全面积50%以上的表格	面	45	23	13	7	4	0.08
六号字表格；带复杂公式的表格	面	50	25	14	8	5	0.10

说明：

① 正文表格夹排超过1/2以上者，按整面表格版计；不足1/2者，其表格部分按平方厘米计算，以50cm²起算。

② 表格用外文排版加价20%；用繁体字排版加价10%。

③ 表格内有两条以上斜线加价10%；复杂组织表或元素表加价100%。

【例2-3】有一本16开杂志共64面，有8面简单表格，有12面文字占全面积60%的横竖俱排的表格，其余面数均为全面积自然科学类文字稿，每面字数约为1000，封面另计。求这本杂志的排版费是多少。

【解析】

8面简单表格排版费：8×8＝64（元）

12面文字占全面积60%的横竖俱排的表格排版费：12×23＝276（元）

余下部分的录入费用：（64-8-12）×2×10＝880（元）

所以这本杂志的制版费：64＋276＋880＝1220（元）

对象	加工项目	单位	数量	单价/元	金额/元	备注
简单表格	排版	面	8	8	64	
横竖俱排的表格	排版	面	12	23	276	
文字	排版	面	44	20	880	
排版				小计：1220元		

【技能训练3】有一本32开说明书，共25面，其中一般表格3面，竖线、横线俱排的，文字数码占全面积30%以下的表格15面；其余是有复杂公式的表格页面，封面另计，试计算这本说明书的排版费？

一般表格排版费＿＿＿＿＿＿＿＿＿＿＿＿＿＿＿＿

横竖俱排表格排版费＿＿＿＿＿＿＿＿＿＿＿＿＿＿＿＿

复杂公式表格排版费＿＿＿＿＿＿＿＿＿＿＿＿＿＿＿＿

总排版费＿＿＿＿＿＿＿＿＿＿＿＿＿＿＿＿

任务四　精通图片为主的页面制作计价

印前制作的加工对象主要是指彩色连续调和非连续调图片。图片为主的页面，需要处理的图文信息比普通的文字页面要多很多，包括修图、调图等。如果书籍包含上面讲到的几种页面，可以分类计算排版制作费，也可以双方协商一致，确定一个折中方案。

引出公式：

$$制作费＝面数×单价 \qquad (式2-5)$$

图片页面制作的价格见表2-4。

表2-4　图片页面制作价格表　　　　　　　　　　　（单位：元）

分类	计算单位	全开	对开	三开	四开	八开	十六开	二十开	四十开
彩色版	面	800	600	450	350	280	140	120	100
单色版	块	85	60	50	40	30	15	13	8

说明：

① 页面制作以每个图为计算单位，图的面积以表2-4开本尺寸为标准，如果图的长度或宽度超过上表所列开本尺寸者，按超过后的开本尺寸计。制版小于四十开图的按四十开图计。

② 表2-4价格是以彩色版为标准，三色按75%，双色按50%。

③ 扫描根据扫描网点数的多少进行报价，例如300线，0.70元/兆。

④ 图片说明文字，每千字6.00元，拼版费5.00元，不足一千字按一千字计算。

⑤ 经典著作、重点及原稿过分复杂，特别费工的产品加价30%。

【例2-4】现设计制作一本画册，大16开本，封面为单面四色，展开为大8开尺寸；内文60面，双面四色，求制作费。

【解析】封面为单面四色，即设计一个大8开样稿，内文60面大度16开双面四色。

设计制作费 ＝ 面数 × 单价
　　　　　 ＝ 1×280＋60×140
　　　　　 ＝ 8680（元）

【技能训练4】有一本8开画报，内文共58面，其中彩色32面，其余为黑白页面；封面4面，均为彩色，试计算这本画报的制作费。

彩色版面制作费＿＿＿＿＿＿＿＿＿＿＿＿＿＿＿＿＿

单色版面制作费＿＿＿＿＿＿＿＿＿＿＿＿＿＿＿＿＿

总制作费＿＿＿＿＿＿＿＿＿＿＿＿＿＿＿＿＿＿＿＿

项目二　设计费、胶片输出与打样费

任务一　精通设计费用计价

不同公司的设计水平不同，收费也不同。每个地区的设计费也不尽相同。印刷行业设计费相对广告公司较低。一般来说，如果出版社或委印单位提供的是不需要版式调整、设计的原稿，就没有这部分收费。否则，按照以下原则进行收取：

$$设计费 = 面数 × 单价 \qquad (式2\text{-}6)$$

一、根据加工对象不同进行计价

设计价格可参见表2-5。

表2-5　设计价格表

项目	计价单位P/16开	工价/元
书刊杂志类	面	20～30
宣传单页类	面	100～150
画册类	面	200～1000

二、根据出版社或委印单位提供的原稿的层次不同计价

按照委印单位提供原稿的层次不同，分别计算设计这一项目所产生的费用。第一类是委印单位提供图片和文字原稿及版式草稿，由印刷厂实现版式，可以在排、制版基础价上加收50%；第二类是委印单位提供图片和文字原稿，印刷厂负责版式设计以后的作业，可以在基础价上再加60%；第三类是委印单位仅提供设计思想，印刷厂负责设计创意以后的作业，可以在基础价上再加120%。

【例2-4】某印刷厂有一单书籍业务要进行设计，书籍开本是16开，共310面，商定设计费是每面25元，求总设计费。

【解析】

$$设计费 = 面数 × 单价 = 310 × 25 = 7750（元）$$

【技能训练5】某广告公司要进行一个画册的设计，8开本，共52面，商定设计费用为每面800元，封面另计，试计算这本画册的设计费。

设计费_____

任务二　精通输出费及打样费的计价

由于地区不同，胶片输出费用和打样费也有不同，具体计算应该按照本地区的费用来计算。

$$胶片费＝胶片套数×单价 \quad (式2-7)$$
$$胶片套数＝总面数÷联数 \quad (式2-8)$$
$$打样费＝打样套数×单价 \quad (式2-9)$$

输出及打样价格见表2-6，仅供参考。

表2-6　输出及打样价格表　　　　　　　　　　　　　　（单位：元）

分类	计算单位	全开	对开	三开	四开	八开	十六开	二十开	四十开
输出胶片	套	440	220	180	110	60	30	20	15
打样	套	800	160	160	80	60	60	60	60

说明：

① 表2-6价格是按四色版为标准，三色按75%，双色按50%，多一色加25%。

② 彩色稿一般都需要连版，连版开数的大小根据客户的要求或印刷机的幅面确定。例如80个面、16开的彩色样本，能连成10套对开版。

③ 不规则开本按比它大的规格开本计。

④ 喷墨打样16开的一面为15～20元。

⑤ 如胶片换为硫酸纸（蓝纸），相同尺寸的价格是对应胶片的25%。

【例2-5】设计制作一本彩色版杂志，共计352面，双面各四色，采用正16开本，要求打两套四开样即可，连成4开输出胶片，求这本杂志的制作费、输出费及打样费是多少。

【解析】制作费＝面数×单价＝352×140＝49280（元）

1张4开，故由4个16开连成，共可连成352/4＝88张4开版

菲林费用＝套数×单价＝88×110＝9680（元）

打样费用＝套数×单价＝2×80＝160（元）

【例1-6】有一本16开彩色样本，共108面，其中单色文字稿18面，其余部分是四色彩色版面，打2套4开样，后出菲林（出4开胶片，余下出8开），如不需设计，问此样本共需多少印前加工费？

【解析】① 计算单色文字稿排版价格

文字排版费＝面数×单价＝18×2×10＝360（元）

单色文字稿共18面，故可以连成4张4开版和1张8开版

出菲林费＝面数×单价＝4×56＋1×28＝252（元）

排版费总计＝360＋252＝612（元）

② 计算彩色稿制版价格

制作费＝面数×单价＝（108-18）×140＝12600（元）

彩色稿共90面，故可连成22张4开版和1张8开版

胶片输出费用＝套数×单价＝22×110＋1×60＝2480（元）

打样费用＝套数×单价＝2×80＝160（元）

③ 计算印前加工费

印前总费用＝排版费＋制作费＋胶片输出费＋打样费＝612＋12600＋2480＋160＝15852（元）

计价明细单如下：

对象	加工项目	单位	数量	单价/元	金额/元	备注
单色文字稿	排版	面	18	20.00	360.00	
	出菲林	面/4K	4	56.00	224.00	
	出菲林	面/8K	1	28.00	28.00	
彩色图片稿	制作	面	90	55.00	12600.00	
	打样	套	2	80.00	160.00	
	出菲林	面/4K	22	110.00	2420.00	
	出菲林	面/8K	1	60	60.00	
印前加工			小计：15852元			

【技能训练6】某房地产公司要做16开彩色宣传册，不需设计，共53面，其中单色文字稿6面，其余部分是四色彩色版面，打2套8开样，后出菲林（出对开胶片，余下出8开），问此样本共需多少印前加工费？

排版费＿＿＿＿＿＿＿＿＿＿＿＿＿＿＿＿＿＿

制作费＿＿＿＿＿＿＿＿＿＿＿＿＿＿＿＿＿＿

胶片输出费＿＿＿＿＿＿＿＿＿＿＿＿＿＿＿＿

打样费＿＿＿＿＿＿＿＿＿＿＿＿＿＿＿＿＿＿

总制作费＿＿＿＿＿＿＿＿＿＿＿＿＿＿＿＿＿

课后习题

1.有一本16开社会类书籍，内文共240面，其中文字200面，带复杂公式的表格整版40面，封面另计，试求整本书的排版费。

2.有一本32开书籍，正文共312面，其中中文150面，外文（10磅）100面，其余是中外对照（10磅）版面；外文页面中，每面24行，每行10.5厘米。封面另计，试计算整本书的排版费。

3.某印刷公司要设计一本画册并输出打样：画册共96面，16开本，要求打5套四开样张，连成四开输出胶片，试求这本画册的印前费用是多少？如果把胶片换成硫酸纸，印前费用是多少？（设计费取中间值每P150元）

4.春雨出版社要做16开彩色画报，不需设计，共64面，其中单色文字稿6面，其余部分是四色彩色版面，打3套八开样，后出菲林（出对开胶片，余下出八开），问此画报共需多少印前加工费？

模块三 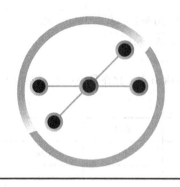 Unit 03

用纸量及纸款的计算

纸张是印刷过程中最常用的材料之一，它用量大，品种多，性能差异大，是印刷质量的主要决定因素之一。因此，作为一名印刷业务员，有必要对纸张的规格、性能、当前市场价及纸张品种、开纸方法等相关常识了如指掌，这样才能对各种印刷品的用纸量以及纸款进行详细而准确的计算。

 项目一 纸张的规格、种类、换算及开纸方法

任务一 熟悉纸张规格

纸张规格及种类的选择是相对于特定印件的工艺要求而言的，特别是纸张规格的选择，选择正确时不会浪费纸张，对于非规格的印刷品反而会节约纸张、降低成本，反之亦然。这也是一名印刷业务员应该掌握的基本知识。

一般而言，纸的尺寸规格如下。
大度纸：889mm×1194mm
正度纸：787mm×1092mm
特规格纸：850mm×1168mm
大规格纸：880mm×1230mm

 任务二 了解纸张的种类

1.新闻纸

定量一般是48～52g/m^2，平板纸规格一般是787mm×1092mm、850mm×1168mm、880mm×

1230mm。卷筒纸规格一般是宽度787mm、1092mm、1575mm。

2. 凸版纸

定量一般是45～60g/m²，平板纸规格一般是787mm×1092mm、850mm×1168mm、880mm×1230mm，另外还有一些特殊尺寸规格的纸张。卷筒纸宽度一般是787mm、850mm、1092mm、1575mm。主要用于一般著作、科技图书、学术刊物和教材等正文用纸。

3. 书写纸

定量一般是55～70g/m²，平板纸规格一般是787mm×1092mm、787mm×960mm、850mm×1168mm、880mm×1240mm、700mm×1000mm。卷筒纸宽度为787mm、850mm、880mm、890mm。主要用于低档印刷品。

4. 胶版纸

定量有50g/m²、55g/m²、60g/m²、70g/m²、80g/m²、90g/m²、100g/m²、120g/m²、140g/m²、150g/m²、180g/m²。平板纸规格为787mm×1092mm、850mm×1168mm、880mm×1230mm，卷筒纸规格为宽度787mm、1092mm、850mm。主要用于重要书刊的正文、彩色画报、画册、宣传画、彩印商标及一些高级书籍封面、插图等。

5. 铜版纸

定量一般有70g/m²、80g/m²、90g/m²、100g/m²、105g/m²、115g/m²、120g/m²、128g/m²、150g/m²、157g/m²、180g/m²、200g/m²、210g/m²、240g/m²、250g/m²、300g/m²、350g/m²。平板纸规格为635mm×965mm、787mm×1092mm、889mm×1194mm、880mm×1230mm。卷筒纸宽度为787mm、880mm。主要用于印刷高档画册、封面、包装装潢印刷等。

6. 轻涂纸

定量为65g/m²、70g/m²、80g/m²、90g/m²、120g/m²。平板纸规格为787mm×1092mm、889mm×1194mm。卷筒纸的宽度为787mm、880mm。主要用于期刊、一般画册、广告宣传品等。

7. 书皮纸

定量为80g/m²、100g/m²、120g/m²。平板纸规格为690mm×690mm、787mm×1092mm。主要用于印刷书籍封面。

8. 白板纸

定量为200g/m²、220g/m²、230g/m²、250g/m²、290g/m²、300g/m²、350g/m²、400g/m²。白板纸规格为787mm×1092mm、850mm×1168mm。主要用于印刷和制作包装盒等包装装潢产品。

9. 牛皮纸

定量为60g/m²、70g/m²、80g/m²、90g/m²、100g/m²、120g/m²、150g/m²。牛皮纸规格为787mm×1092mm、850mm×1168mm。主要用于包装、纸箱、文件袋、档案袋、信封等。

10. 无碳纸

定量为40～150g/m²，平板纸规格为787mm×1092mm、889mm×1194mm。有直接复写功能，分上纸、中纸和下纸，纸张价格不同，颜色丰富，有七种颜色，印刷时注意正反面及顺序的排列，常用于联单、表格等。

任务三　掌握纸张的重量、令数的换算关系

1. 常用纸张价格表（见表3-1，价格仅供参考）

表3-1　常用纸张价格表　　　　　　　　　（单价：元）

品种	产地	规格/（mm×mm）	批发令价/元	批发吨价/元	每件令数	零售张价/元
105g/m² 无光铜版	大宇	787×1092	315.93	7000	15	0.65
105g/m² 无光铜版	大宇	889×1194	390.13	7000	15	0.81
128g/m² 无光铜版	大宇	787×1092	385.00	7000	14	0.80
128g/m² 无光铜版	大宇	889×1194	475.42	7000	12	0.98
157g/m² 无光铜版	大宇	787×1092	472.18	7000	11	0.98
157g/m² 无光铜版	大宇	889×1194	583.55	7000	11	1.21
200g/m² 无光铜版	大宇	787×1092	602.00	7000	9	1.24
200g/m² 无光铜版	大宇	889×1194	742.78	7000	8	1.53
230g/m² 无光铜版	大宇	787×1092	692.00	7000	7	1.43
230g/m² 无光铜版	大宇	889×1194	854.00	7000	7	1.76
250g/m² 无光铜版	大宇	787×1092	752.00	7000	7	1.55
250g/m² 无光铜版	大宇	889×1194	929.00	7000	7	1.92
300g/m² 无光铜版	大宇	787×1092	914.72	7100	6	1.89
300g/m² 无光铜版	大宇	889×1194	1130.08	7100	6	2.33
80g/m² 双铜	晨鸣	787×1092	271.76	7900	26	0.56
80g/m² 双铜	晨鸣	889×1194	335.75	7900	26	0.70
105g/m² 双铜	晨鸣	787×1092	311.19	6900	20	0.65
105g/m² 双铜	晨鸣	889×1194	384.33	6900	20	0.80
128g/m² 双铜	晨鸣	787×1092	368.50	6700	16	0.76
128g/m² 双铜	晨鸣	889×1194	454.93	6700	16	0.94
157g/m² 双铜	晨鸣	787×1092	452.25	6700	13	0.94
157g/m² 双铜	晨鸣	889×1194	558.11	6700	13	1.15
200g/m² 双铜	晨鸣	787×1092	575.53	6700	10	1.19
200g/m² 双铜	晨鸣	889×1194	710.87	6700	10	1.47
250g/m² 双铜	晨鸣	787×1092	719.58	6700	8	1.49
250g/m² 双铜	晨鸣	889×1194	889.09	6700	8	1.84
65g/m² 雅光双铜	芬欧汇川	787×1092	220.59	7900	26	0.46
65g/m² 雅光双铜	芬欧汇川	889×1194	272.25	7900	26	0.56
80g/m² 雅光双铜	芬欧汇川	787×1092	264.69	7700	24	0.55
80g/m² 雅光双铜	芬欧汇川	880×1230	333.35	7700	24	0.69
80g/m² 雅光双铜	芬欧汇川	889×1194	326.93	7700	24	0.68

续表

品种	产地	规格/(mm×mm)	批发令价/元	批发吨价/元	每件令数	零售张价/元
90g/m² 雅光双铜	芬欧汇川	787×1092	297.50	7700	22	0.62
90g/m² 雅光双铜	芬欧汇川	889×1194	367.50	7700	22	0.76
80g/m² 单铜（A级）	山东光华	787×1092	230.32	6700	25	0.48
80g/m² 单铜（A级）	山东光华	889×1194	284.48	6700	25	0.59
80g/m² 双铜（A级）	山东光华	787×1092	230.32	6700	25	0.48
80g/m² 双铜（A级）	山东光华	889×1194	284.48	6700	25	0.59
105g/m² 双铜（A级）	山东光华	787×1092	284.25	6310	16	0.59
105g/m² 双铜（A级）	山东光华	889×1194	351.07	6300	16	0.73
镜面不干胶	龙海半开	780×540	500/箱		500张/箱	1.00
镜面不干胶	龙海半开	390×540	250/箱		500张/箱	0.50
镜面不干胶	龙海半开	390×270	250/箱		1000张/箱	0.25
60g/m² 双胶	芬欧汇川	787×1092	189.26	7350	24	0.39
60g/m² 双胶	芬欧汇川	889×1194	233.98	7350	24	0.49
70g/m² 双胶	芬欧汇川	787×1092	214.84	7150	21	0.45
70g/m² 双胶	芬欧汇川	889×1194	265.57	7150	21	0.55
80g/m² 双胶	芬欧汇川	787×1092	245.48	7150	18	0.51
80g/m² 双胶	芬欧汇川	889×1194	303.48	7150	18	0.63
100g/m² 双胶	芬欧汇川	787×1092	306.94	7150	14	0.64
100g/m² 双胶	芬欧汇川	889×1194	379.46	7150	14	0.79
120g/m² 双胶	芬欧汇川	787×1092	373.38	7250	12	0.77
120g/m² 双胶	芬欧汇川	889×1194	461.58	7250	12	0.95
60g/m² 双胶	晨鸣亚松	787×1092	145.77	5650	28	0.30
60g/m² 双胶	晨鸣亚松	850×1168	168.30	5650	28	0.35
60g/m² 双胶	晨鸣亚松	880×1230	183.63	5650	28	0.38
70g/m² 双胶	晨鸣亚松	787×1092	167.06	5550	26	0.35
70g/m² 双胶	晨鸣亚松	880×1230	210.35	5550	26	0.44
80g/m² 双胶	晨鸣亚松	787×1092	190.92	5550	23	0.40
80g/m² 双胶	晨鸣亚松	880×1230	240.32	5550	23	0.50
100g/m² 双胶	晨鸣亚松	787×1092	238.65	5550	18	0.50
100g/m² 双胶	晨鸣亚松	880×1230	300.26	5550	18	0.62
120g/m² 双胶	晨鸣亚松	787×1092	286.38	5550	15	0.59
120g/m² 双胶	晨鸣亚松	880×1230	360.20	5550	15	0.75
210g/m² 白卡	宁波中华	787×1092	762.13	8450	5.2	1.57
210g/m² 白卡	宁波中华	889×1194	941.38	8450	6.4	1.94
230g/m² 白卡	宁波中华	787×1092	834.44	8450	4.8	1.72

续表

品种	产地	规格/(mm×mm)	批发令价/元	批发吨价/元	每件令数	零售张价/元
230g/m² 白卡	宁波中华	889×1194	1031.60	8450	4.8	2.13
250g/m² 白卡	宁波中华	787×1092	908.38	8450	4.4	1.88
250g/m² 白卡	宁波中华	889×1194	1121.56	8450	4.4	2.31
300g/m² 白卡	宁波中华	787×1092	1089.11	8450	3.6	2.25
300g/m² 白卡	宁波中华	889×1194	1344.96	8450	3.6	2.77

2. 纸张重量与令数换算关系（见表3-2～表3-5）

掌握纸张换算知识对一名印刷业务员是十分必要的，因为在计价过程中有时知道每吨纸的价格而不知每张纸的价格，我们可以通过纸张重量与令数的换算关系可以计算出每张纸或每令纸的价格。知道了纸张的单价，纸款的计算就很容易了。

【例3-1】根据表3-2，已知纸张的规格为787mm×1092mm，定量为20g/m²，求令重和每吨令数。

【解析】单张纸的重量为 0.787×1.092×20＝17.189（g）

令重＝17.189×500÷1000＝8.6（kg）

每吨令数＝1000÷8.6＝116.36

通过上述计算，如果把纸张的面积设为S，定量设为M，那么

$$令重 = S \times M / 2 \text{ (kg)} \tag{式3-1}$$

$$每吨令数 = 1000 / 令重 \tag{式3-2}$$

表3-2 纸张重量与令数换算关系（787mm×1092mm）

克重/(g/m²)	令重/kg	习惯令重/kg	每吨令数	克重/(g/m²)	令重/kg	习惯令重/kg	每吨令数
20	8.594	8.6	116.36	120	51.564	51.6	19.393
30	12.891	12.9	77.574	128	55.002	55	18.181
40	17.188	17.2	58.180	130	55.861	55.9	17.902
45	19.337	19.3	51.714	140	60.158	60.2	16.623
50	21.485	21.5	46.544	150	64.455	64.5	15.515
51	21.915	21.9	45.631	157	67.463	67.5	14.823
52	22.345	22.3	44.753	160	68.752	68.8	14.545
55	23.634	23.6	42.312	180	77.346	77.3	12.929
60	25.782	25.8	38.787	200	85.94	85.9	11.636
70	30.079	30.1	33.246	210	90.237	90.2	11.082
80	34.376	34.3	29.09	220	94.534	94.5	10.578
85	36.525	36.5	27.379	230	98.832	98.8	10.118
90	38.673	38.7	25.858	250	107.426	107.4	9.305
95	40.822	40.8	24.497	261	112.230	112.2	8.912
100	42.97	43	23.272	290	120.317	120.3	8.311
105	45.119	45.1	22.164	290	124.614	124.6	8.025
110	47.267	47.3	21.156	300	128.911	128.9	7.757

表3-3　纸张重量与令数换算关系（850mm×1168mm）

克重/（g/m²）	令重/kg	习惯令重/kg	每吨令数	克重/（g/m²）	令重/kg	习惯令重/kg	每吨令数
40	19.86	19.9	50.352	100	49.64	49.6	20.161
45	22.34	22.3	44.768	110	54.6	54.6	18.314
51	25.32	25.3	39.5	120	59.57	59.6	16.779
52	25.81	25.8	38.745	128	63.54	63.5	15.748
60	29.78	29.8	33.575	150	74.46	74.5	13.423
65	32.3	32.3	30.960	157	77.93	77.9	12.827
70	34.75	34.8	28.777	200	99.28	99.3	10.070
80	39.71	39.7	25.183	250	124.1	124.1	8.085
90	44.67	44.7	44.371	300	148.92	148.9	6.716

表3-4　纸张重量与令数换算关系（880mm×1230mm）

克重/（g/m²）	令重/kg	习惯令重/kg	每吨令数	克重/（g/m²）	令重/kg	习惯令重/kg	每吨令数
40	21.65	21.6	46.296	100	54.12	54.1	18.484
45	24.35	24.4	40.984	105	56.83	56.8	17.598
51	27.60	27.6	36.232	120	64.94	64.9	15.408
52	28.14	28.1	35.587	128	69.27	69.3	14.430
60	32.47	32.5	30.769	150	81.18	81.2	12.315
65	35.18	35.2	28.409	157	84.97	85.0	11.763
70	37.88	37.9	26.358	200	108.24	108.2	9.242
80	43.30	43.3	23.095	250	135.3	135.3	7.391
90	48.71	48.7	20.543	300	162.36	162.4	6.159

表3-5　纸张重量与令数换算关系（889mm×1194mm）

克重/（g/m²）	令重/kg	习惯令重/kg	每吨令数	克重/（g/m²）	令重/kg	习惯令重/kg	每吨令数
40	21.23	21.2	47.109	100	53.07	53.1	18.843
45	23.88	23.9	41.876	105	55.73	55.7	17.944
51	27.07	27.1	36.941	120	63.69	63.7	15.701
52	27.60	27.6	36.232	128	67.93	67.9	14.721
60	31.84	31.8	31.407	150	79.61	79.6	12.561
65	34.50	34.5	28.986	157	83.32	83.3	12.002
70	37.15	37.2	26.918	200	106.15	106.2	9.421
80	42.46	42.5	23.552	250	132.68	132.7	7.537
90	47.76	47.8	20.938	300	159.22	159.2	6.281

任务四　掌握纸张的开纸方法

对于不规则开本的印刷品，我们在计算用纸量时，为了提高纸张的利用率，降低成本，通常要对纸张的开纸仔细分析和计算，以便对纸张最大程度地使用。

【例3-2】某印刷品的成品尺寸为230mm×200mm，80g双胶纸，选用哪种规格的纸进行裁切才能使成本降到最低？

【解析】
① 若用889mm×1194mm的纸张可以这样开纸
1194÷230＝5（刀），889÷200＝4（刀）；即为大度20开
1194÷200＝5（刀），889÷230＝3（刀）；即为大度15开
② 若用787mm×1092mm的纸张可以这样开纸
1092÷230＝4（刀），787÷200＝3（刀）；即为正度12开
1092÷200＝5（刀），787÷230＝3（刀）；即为正度15开
③ 若纸张的吨价为7150元，经过计算大度纸每张0.61元，正度纸每张0.49元。
大度纸：20开，0.61÷20＝0.031（元），15开，0.61÷15＝0.041（元）
正度纸：12开，0.49÷12＝0.041（元），15开，0.49÷15＝0.033（元）
通过上述计算和比较可知，选用大度20开的纸张较为合适。

项目二　用纸量计算

纸张的总用纸量包括两个方面，一方面是印品实际的用纸量，另一方面是在印刷过程中纸张的损耗，即所谓的纸张加放量。因此，总用纸量的计算公式为：总用纸量＝实际用纸量＋加放量。在计算用纸量之前，需先掌握印张和纸张令数这两个专业名词。

① 印张。印张是计算出版物篇幅的单位，也是计算定价的依据。1个印张等于1张对开纸印两面或者1张全开纸印一面。

印张的计算公式为：

$$总面数÷开数＝印张 \qquad (式3-3)$$

$$页数×2÷开数＝印张 \qquad (式3-4)$$

注：面数包括全书中所有的空白面，2面等于1页。

【例3-3】1本16开本的图书，全书共352面，求该书的印张数。

【解析】印张＝总面数÷开数＝352÷16＝22（印张）

② 纸张令数。用纸量的计量单位可以是令数也可以是张，1令纸等于500张全开纸，或1令纸等于1000张对开纸。

纸张令数的计算公式为：

$$印张÷1000＝令数 \qquad (式3-5)$$

【例3-4】1本32开本，全书共需10印张，求需要多少令纸。

【解析】令数＝印张÷1000＝10÷1000＝0.01（令）

任务一　精通实际用纸量的计算

1. 单张纸印刷品实际用纸量的计算

单张纸印刷品即是展开后为单页的印刷品,例如,单页、折页、包装盒、书刊封面、手提袋,等等。

$$实际用纸量（张）=印数÷开数 \qquad (式3-6)$$
$$或者实际用纸量（令）=印数÷开数÷500 \qquad (式3-7)$$

说明:印数即为实际印刷数量,开数即为成品的开本数。

【例3-5】某产品宣传单,20000张,大度16开,双面四色,$200g/m^2$铜版纸,用对开四色印刷机印刷,求实际用纸量。

【解析】由公式可得：实际用纸量（张）＝印数÷开数
　　　　　　　　　　　　　　　　　＝20000÷16
　　　　　　　　　　　　　　　　　＝1250（张）

【技能训练1】印刷包装盒3000个,展开为大四开,单面四色,$210g/m^2$白卡纸,用对开四色印刷机印刷,求实际用纸量。

公式＿＿＿＿＿＿＿＿＿＿＿＿＿＿＿＿＿＿＿＿＿＿
印数＿＿＿＿＿＿＿＿＿＿＿＿＿＿＿＿＿＿＿＿＿＿
开数＿＿＿＿＿＿＿＿＿＿＿＿＿＿＿＿＿＿＿＿＿＿
实际用纸量（张）＿＿＿＿＿＿＿＿＿＿＿＿＿＿＿＿

计算封面用纸量时要注意,平装书封面必须与封底、书脊连在一起。书脊有宽有窄,有些平装书还有勒口,这就必然影响封面的用纸量。要计算封面的用纸量,首先应算出封面的尺寸,其计算公式为:

$$平装封面长度=2×书宽+书厚+2×勒口宽 \qquad (式3-8)$$

其中,书宽=书高;书厚=内文页数×纸张厚度（常用纸张厚度见表3-6,仅供参考）

$$平装封面宽度=书长 \qquad (式3-9)$$

根据封面的尺寸、印刷装订工艺所需的加留白边、印刷机允许使用的纸张幅面等,确定封面所用的原纸大小及开数,最后封面用纸量的计算公式为:

$$封面实际用纸量（张）=印数÷开数 \qquad (式3-10)$$

【例3-6】某大16开书的彩色封面,内文采用$120g/m^2$胶版纸印刷,共200页,书本尺寸为210mm×285mm,用对开机印刷,客户订数为6000册,计算封面需使用大度纸多少令。

【解析】①计算封面尺寸：封面长度＝2×210+0.13×200＝446mm；封面宽度＝285mm；

②确定开数：封面尺寸为285mm×446mm,设计尺寸是在封面尺寸的基础上每边加上3mm出血位,因此实际用纸规格为291mm×452mm。开法可以选择用大度纸的短边除以封面的长边,也可以选择用大度纸的长边除以封面的长边。

第一组,大度纸的短边除以封面的长边：

[889-4（纸光边）]÷452＝1.96
（1194-4）÷291＝4.09,开数为1×4＝4（开）

由于选用对开机印刷,故在长边处应留2处裁成对开纸后的印刷咬口位,现长边余0.09×291＝

26mm，足够用于对开机印刷时留有2处咬口位。

第二组，大度纸的长边除以封面的长边：

$$（889-4）÷291＝3.04$$
$$（1194-4）÷452＝2.63，开数为3×2＝6（开）$$

故应选择开数为6。

③ 计算封面实际用纸量：用纸量＝6000÷6＝1000（张）

答：封面需用1000张大度纸。

表3-6 常用纸张厚度表

纸张名称	单张纸厚度/mm	纸张名称	单张纸厚度/mm
40g/m² 字典纸	0.0488	150g/m² 胶版纸	0.170
52g/m² 胶印纸	0.0738	180g/m² 胶版纸	0.190
52g/m² 新闻纸	0.0800	105g/m² 铜版纸	0.075
80g/m² 胶版纸	0.0766	128g/m² 铜版纸	0.095
100g/m² 胶版纸	0.1100	157g/m² 铜版纸	0.119
120g/m² 胶版纸	0.1300	250g/m² 铜版纸	0.215

【技能训练2】印刷书刊2000册，正度16开，成品尺寸为185mm×260mm，封面为单面四色，勒口50mm，200g/m² 铜版纸；内文为105g/m² 双胶，共计240页，用对开四色印刷机印刷，求封面的实际用纸量。

封面的宽度＿＿＿＿＿＿＿＿＿＿＿＿＿＿＿＿＿

封面的长度＿＿＿＿＿＿＿＿＿＿＿＿＿＿＿＿＿

开数＿＿＿＿＿＿＿＿＿＿＿＿＿＿＿＿＿＿＿＿

印数＿＿＿＿＿＿＿＿＿＿＿＿＿＿＿＿＿＿＿＿

公式＿＿＿＿＿＿＿＿＿＿＿＿＿＿＿＿＿＿＿＿

实际用纸量（张）＿＿＿＿＿＿＿＿＿＿＿＿＿＿

2. 书刊内文实际用纸量的计算

一本书的实际用纸量包括正文的实际用纸量和封面的实际用纸量，由于封面的幅面与正文的幅面是不一致的，故封面的实际用纸量的计算方法用单张纸的计算方法，前面已经介绍过了。

正文用纸量的计算公式为：

$$正文实际用纸量（令）＝印张×册数÷1000 \qquad （式3-11）$$

【例3-7】某正16开书，文字208面、书写纸印刷，彩插48面、铜版纸印刷，册数10000册，计算实际用纸量。

【解析】书写纸的印张＝总面数÷开数＝208÷16＝13

铜版纸的印张＝总面数÷开数＝48÷16＝3

书写纸实用量＝13×10000÷1000＝130（令）

铜版纸实用量＝3×10000÷1000＝30（令）

式3-11主要为单张纸的计算方法，若用卷筒纸印刷，因为卷筒纸一般以吨和千克为计量单位，可以将其换算为令进行计量。常用定量卷筒纸的出纸率如表3-7，仅供参考。

表3-7　常用定量卷筒纸出纸率

定量/（g/m²）	787mm×1100mm	850mm×1240mm	880mm×1240mm	889mm×1240mm
40	50令/吨	42.5令/吨	41令/吨	40.5令/吨
45	45令/吨	37.5令/吨	36.5令/吨	36令/吨
50	41令/吨	34令/吨	33令/吨	32.5令/吨
51	40.5令/吨	33.5令/吨	32令/吨	32令/吨
52	40令/吨	33令/吨	31.5令/吨	31令/吨
55	38令/吨	31令/吨	30令/吨	29.5令/吨
60	34.5令/吨	28.5令/吨	27.5令/吨	27令/吨
70	29.5令/吨	24.5令/吨	23.5令/吨	23令/吨
80	26令/吨	21.5令/吨	20.5令/吨	20令/吨

【技能训练3】印刷书刊2000册，正度32开，单色黑，正文313面，前言1面，版权1面，目录5面，70g/m²胶版纸，用对开单色机印刷，求内文的实际用纸量。

总面数＿＿＿＿＿＿＿＿＿＿＿＿＿＿＿

印张数＿＿＿＿＿＿＿＿＿＿＿＿＿＿＿

公式＿＿＿＿＿＿＿＿＿＿＿＿＿＿＿＿

实际用纸量（令）＿＿＿＿＿＿＿＿＿＿

任务二　精通加放量的计算

加放量又称为伸放量、损耗或废量，是指除了印刷、装订需要的成品数量以外再加的数量，主要用于印刷、装订、印后加工过程中的损耗，从而确保印刷成品的数量。加放量通常包括印刷加放量、装订加放量、印后加放量。

加放量可以用绝对量表示（如张、令、方、米等），也可以用相对量表示（千分比），通常把相对量称为加放率。加放率对于印刷加放量来说是指每个印版的加放比例，对于装订加放量来说是指每个印张的加放比例。

一、单张纸印刷品加放量的计算

1. 拼版方式

不同要求的印刷品需要选择不同的印刷拼版方式，拼版方式不同，印版数量也会不同，上机印数（转数）也会不同，所以在学习加放量的计算之前我们先学会以下几种拼版方式，下面是四种最常见的印刷拼版方式。

（1）单面式

这种方式适用于那些只需要印刷一面（大多数是正面）的印刷品，其特点是：一套印版，单面印刷，一个咬口，如海报、不干胶等。

正

（2）自翻式

这种方式适用于那些需要印刷正反面的小幅面印刷品，其特点是：一套印版，双面印刷，一个咬口，如DM单、小海报、贺卡、杂志、书刊等。

（3）大滚翻式

也叫打滚翻（俗称驴打滚），是自翻的一种形式，其特点是：一套印版，双面印刷，两个咬口，如吊旗、杂志、书刊等。

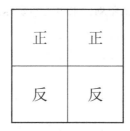

（4）大翻版式

由于受印刷机幅面、纸张、成本、后工序等多方面因素的限制，某些双面印刷的产品需要拼大翻版印刷，其特点是：两套印版，双面印刷，一个咬口，比如画册、杂志、书刊等。

6	7
3	2

8	5
1	4

2. 上机印数

上机印数（转数）是指印刷机的转数，若为书刊印刷时，印刷册数即是上机印数，若为多联印刷时，单面印刷机的上机印数是印数除以联数乘以面数，双面印刷机的上机印数是印数除以联数。

3.印版数

印版数是指印版的数量，若印刷的为单张纸类印刷品，印版数通常为色数，但也有例外，还要考虑印刷方式和拼版方法，应灵活运用。若印刷的为书刊、画册类，印版数可以根据印张数计算，也可以根据拼版方式计算。

4.加放率

加放率的计量单位是"张"，但不是指一张未裁切的全开纸，而是指印刷机印刷时实际使用的纸张；加放率的大小因纸张的质量和类别不同而有差导，也与印刷品的套印色数、装订工艺及印刷质量要求等因素有关。加放率的多少，可由出版单位和承印单位协商确定，也可参考国家主管部门对加放率的有关规定；如果是彩色包装类产品，由于其在印后加工方面较为复杂，每一个加工工序都会产生损耗，因此将产生损耗的因素相加其结果就是最终的加放量。常见的加放率见表3-8，仅供参考。

表3-8 彩色印刷与印后加工方式的加放率

加工项目（每色）	加放率（‰）/印数（万）					备注
	0.3以下	0.5～1	1～3	3～5	5以上	
彩色印刷	50张	10	9	9	8	
实地印刷	50张	7	6	5	4	
专色印刷	50张	7	6	5	4	
金、银卡纸	50张	7	6	5	4	
覆膜	50张	9	8	7	6	
压纹	50张	9	8	7	6	
磨光	50张	9	8	7	6	
上光油	50张	9	8	7	6	
烫金	50张	9	8	7	6	每一工序的起点加放数为50张纸
框线类烫金	15	14	13	12	11	
压凸	50张	9	8	7	6	
模切	50张	9	8	7	6	
面纸裱糊	14	13	12	11	10	
瓦楞裱糊	13	11	10	9	8	
局部UV油	15	13	12	11	10	
磨砂	15	13	12	11	10	
装订	15	14	13	12	11	

5.加放量计算公式

若上机印数小于或等于3000印时，每块印版或者每一印后工序加上50张，即：

印刷加放量（张）＝50×印版数÷机器的开数　　　　　　　　（式3-12）

印后加放量（张）＝50×印后工序数÷机器的开数　　　　　　（式3-13）

若上机印数大于3000印时，上机印数乘以总加放率，即：

印刷加放量（张）＝上机印数×总加放率÷机器的开数　　　　（式3-14）

印后加放量（张）＝上机印数×总加放率÷机器的开数　　　　　　　（式3-15）

【例3-8】印刷一个封面，大度8开，单面四色，印制数量32000，对开机印刷，求加放量。（若上机印数大于3000印时，每块版的加放率为10‰，若上机印数小于或等于3000印时，每块印版加放50张）

【解析】大度8开封面用对开机印刷，则为4联印，上机印数为32000/4＝8000＞3000

加放率为10‰，单面四色印刷，需要4块印版，

则加放量＝上机印数×总加放率÷机器的开数

　　　　＝8000×（4×10‰）÷2

　　　　＝160（张）

（1）若上题其他条件不变，单面四色，改成双面四色，求加放量。

【解析】大度8开封面用对开机印刷，我们拼成自翻式印版，则为4联印，上机印数为32000/4×2＝16000＞3000

加放率为10‰，双面四色印刷，需要4块印版，

则加放量＝上机印数×总加放率÷机器的开数

　　　　＝16000×（4×10‰）÷2

　　　　＝320（张）

（2）若上题其他条件不变，数量32000，改成3000，求加放量。

【解析】大度8开封面用对开机印刷，则为4联印，上机印数为3000/4＝750＜3000

需要4块印版，每块版的加放为50张，

则加放量＝50×印版数÷机器的开数

　　　　＝50×4÷2

　　　　＝100（张）

（3）若上题其他条件不变，改成双面四色，用对开双面四色印刷机印刷，求加放量。

【解析】大度8开封面用对开机印刷，我们拼成大翻式印版，则为4联印，上机印数为32000/4＝8000＞3000

加放率为10‰，双面四色印刷，需要8块印版，

则加放量＝上机印数×总加放率÷机器的开数

　　　　＝8000×（8×10‰）÷2

　　　　＝320（张）

（1）和（3）虽然结果一样，但是拼版方式不同，印刷方式也不同，所以制版费和印刷费也会不同，所以遇到此类问题时，我们要注意，为降低印刷成本，能拼自翻版时不要拼成大翻版。

【例3-9】印刷手提袋，展开为大度对开，单面四色，印制数量4000个，对开机印刷，印后需模切、覆膜、烫金、裱糊，求加放量。（若上机印数大于3000印时，每块版的加放率为10‰，每工序的印后加放率为9‰，若上机印数小于或等于3000印时，每块印版加放50张，印后每工序的加放为30张）

【解析】

上机印数为＝4000＞3000

印版数＝4，

则印刷加放量＝4000×总加放率÷机器的开数

　　　　　　＝4000×（4×10‰）÷2

　　　　　　＝80（张）

印后工序共4个环节

印后加放量＝4000×总加放率÷机器的开数

$\qquad$＝4000×（4×9‰）÷2

$\qquad$＝72（张）

总价放量＝80＋72＝152（张）

【例3-10】某超市要印制1万份正16开双面各4色宣传单，用4开机印刷，需纸多少令；如印10万，需纸多少令。（若上机印数大于3000印时，每块版的加放率为10‰，若上机印数小于或等于3000印时，每块印版加放50张）

【解析】方法一：若拼自翻版

印刷10000份

① 上机印数＝10000÷4×2＝5000＞3000

② 印版数＝4

③ 实际用纸量＝印数÷开数＝10000÷16＝625（张）

④ 加放量＝5000×（4×10‰）÷4＝50（张）

⑤ 总用纸量＝625＋50＝675（张）

印刷100000份

① 上机印数＝100000÷4×2＝50000＞3000

② 印版数＝4

③ 实际用纸量＝印数÷开数＝100000÷16＝6250（张）

④ 加放量50000×（4×10‰）÷4＝500（张）

⑤ 总用纸量＝6250＋500＝6750（张）

方法二：若拼大翻版

印刷10000份

① 上机印数＝10000÷4＝2500＜3000

② 印版数＝8

③ 实际用纸量＝印数÷开数＝10000÷16＝625（张）

④ 加放量＝50×8÷4＝100（张）

⑤ 总用纸量＝625＋100＝725（张）

印刷100000份

① 上机印数＝100000÷4＝25000＞3000

② 印版数＝8

③ 实际用纸量＝印数÷开数＝100000÷16＝6250（张）

④ 加放量25000×（8×10‰）÷4＝500（张）

⑤ 总用纸量＝6250＋500＝6750（张）

【技能训练4】印刷单页，大度16开，双面四色，印制数量50000，四开机印刷，拼自翻版，求加放量。（若上机印数大于3000印时，每块版的加放率为10‰，若上机印数小于或等于3000印时，每块印版加放50张）

上机印数＿＿＿＿＿＿＿＿＿＿＿＿＿＿＿＿＿＿＿＿＿＿

印版数＿＿＿＿＿＿＿＿＿＿＿＿＿＿＿＿＿＿＿＿＿＿＿

公式＿＿＿＿＿＿＿＿＿＿＿＿＿＿＿＿＿＿＿＿＿＿＿＿

加放量＿＿＿＿＿＿＿＿＿＿＿＿＿＿＿＿＿＿＿＿＿＿＿

二、书刊内文加放量的计算

前面我们已经讲过，书刊的印刷册数即书刊的上机印刷；书刊的印版数的求法与单页有所不同，我们知道一个印张为一张对开纸双面印刷，所以根据这一点我们可以知道印刷一个印张需要两套印版，即：

$$对开印版数 = 2 \times 印张数 \times 色数 \qquad (式3\text{-}16)$$

也可以根据拼版方式求印版数，书刊一般拼成大翻版，方便印刷，此方法比较灵活。

$$印版数 = 总面数 \div 联数 \times 色数 \qquad (式3\text{-}17)$$

联数即是印版上连的个数，例如对开印版可以连8个16开，也可以连16个32开。

书刊的装订加放量不但与数量有关，还与印张数有关，当册数小于3000册时，每个印张加15张，当册数大于3000册时，每个印张的加放率为14‰。

【例3-11】一本大16开书，内文480面，单色印刷，采用100g/m²胶版纸印刷，封面大8开，单面四色印刷，采用157g/m²铜版纸印刷，内文和封面均采用对开机印刷，总共印制8000册，装订加放率14‰，为问此书胶版纸和铜版纸的加放量为多少？（若上机印数大于3000印时，每块版的加放率为10‰，若上机印数小于或等于3000印时，每块印版加放50张）

【解析】封面的上机印数 = 印数 ÷ 联数 × 面数
$$= 8000 \div 4 \times 1$$
$$= 2000 < 3000$$

则封面加放量（张） = 50 × 印版数 ÷ 机器的开数
$$= 50 \times 4 \div 2$$
$$= 100（张）$$

内文的上机印数 = 册数 = 8000 > 3000

对开印版数 = 2 × 印张数 × 色数 = 2 × (480 ÷ 16) × 1 = 60

或者印版数 = 总面数 ÷ 联数 × 色数 = 480 ÷ 8 × 1 = 60

印刷加放量 = 上机印数 × 总加放率 ÷ 机器的开数
$$= 8000 \times (60 \times 10‰) \div 2$$
$$= 2400（张）$$

装订加放量 = 8000 × (480 ÷ 16 × 14‰) ÷ 2 = 1680（张）

故铜版纸加放量 = 100张 ÷ 500 = 0.2（令）

双胶纸总用纸量 = 2400 + 1680 = 4080张 ÷ 500 = 8.16（令）

【技能训练5】某书为大16开，文字640面，单色黑，书写纸双面印刷；彩插48面，为105g/m²铜版纸，双面四色，用对开机单面印刷，印刷5000册，印刷加放率为9‰，装订加放率为14‰，试求加放量。

上机印数_____

单色印张数_____

单色印版数_____

四色印张数_____

四色印版数_____

单色印刷总加放率_____

四色印刷总加放率_____

单色装订总加放率_____

四色装订总加放率＿＿＿＿＿＿＿＿＿＿＿＿＿＿＿＿＿＿＿＿＿＿＿＿＿

单色加放量＿＿＿＿＿＿＿＿＿＿＿＿＿＿＿＿＿＿＿＿＿＿＿＿＿＿＿

四色加放量＿＿＿＿＿＿＿＿＿＿＿＿＿＿＿＿＿＿＿＿＿＿＿＿＿＿＿

三、零印张加放量的计算

这里需要明确两个概念，即出版印张与装版印张。

出版印张就是我们在书的版权页上见到的印张数，如1.125、1.25、1.375、1.5、10.875等。凡是小于1的部分统称为零印张。

装版印张是指印刷机装了几次版。如0.5、0.25、0.125等零印张分别是一个装版印张，而0.375、0.625、0.75需各分为0.125＋0.25、0.125＋0.5、0.25＋0.5两次装版，故分别是两个装版印张。0.875则需分为0.125＋0.25＋0.5三次装版，故是三个装版印张。

这两个概念的区别与计算印刷加放量直接有关，尤其是对起码数及以下的印刷加放的计算就更为重要。若把零印张按常规计算，则不符合生产的实际状况。

【例3-12】一本正16开书，内文174面，单色印刷，采用100g/m² 胶版纸印刷，内文采用对开双面机印刷，总共印制12000册，问此书内文共需多少加放量。（若上机印数大于3000印时，每块版的加放率为9‰，若上机印数小于或等于3000印时，每块版加放50张）

【解析】此书的印张数为174÷16＝10.875。分别计算10印张数和0.875个印张的加放量。

（1）10印张的加放量＝12000×（10×2×9‰）÷2＝1080（张）＝2.16（令）

0.875分为0.5、0.25、0.125三个装版印张分别计算：

（2）0.5印张联数为2，故上机印数＝12000÷2＝6000＞3000；

由于是双面印刷机，所以印版数为2；

0.5印张的加放量＝6000×（9‰×2）÷2＝54（张）＝0.108（令）

（3）0.25印张为4联印，则印数为12000/4＝3000，

由于是双面印刷机，所以印版数为2

加放量＝50×2÷2＝50（张）＝0.1（令）

（4）0.125印张为8联印，则印数为12000/8＝1500，

由于是双面印刷机，所以印版数为2

加放量＝50×2÷2＝50（张）＝0.1（令）

故总加放量＝2.16＋0.108＋0.1＋0.1＝2.468（令）

如按常规计算，加放量＝12000×10.875×2×9‰＝2349（张对开纸）＝2.349（令）

若此题其他条件不变，把双面对开印刷机改成单面对开印刷机，零印张部分要求拼成自翻版，做法将会大大改变。

0.875分为0.5、0.25、0.125三个装版印张分别计算：

（1）0.5印张联数为2，因为是自翻版，印刷完一面之后需要翻纸，故上机印数＝12000÷2×2＝12000＞3000；

印版数为1；

0.5印张的加放量＝12000×（9‰×1）÷2＝54（张）＝0.108（令）

（2）0.25印张为4联印，则印数为12000/4×2＝6000＞3000，

印版数为1

加放量＝6000×（9‰×1）÷2＝27（张）＝0.054（令）

（3）0.125印张为8联印，则印数为12000/8×2＝3000，

印版数为1

加放量＝50×2÷2＝50张＝0.1（令）

故总加放量＝2.16＋0.108＋0.054＋0.1＝2.422（令）

【技能训练6】一本书的零印张为0.375，印数为8000，单色，用对开双面印刷机印刷，计算其加放量。（若上机印数大于3000印时，每块版的加放率为10‰，若上机印数小于或等于3000印时，每块印版加放50张）

装版印张＿＿＿＿＿＿＿＿＿＿＿＿＿＿＿＿＿＿＿＿＿

0.125印张的加放量＿＿＿＿＿＿＿＿＿＿＿＿＿＿＿＿＿

0.25印张的加放量＿＿＿＿＿＿＿＿＿＿＿＿＿＿＿＿＿

项目三　纸款计算

在准确计算出印刷品的用纸量之后，并且知道所用纸张的品种、规格、价格，就可以计算出纸款了。根据公式：纸款＝用纸量×单价，但是，有时候纸张供货商所给出的是吨价，需要换算出每张纸的价格及每令纸的价格。

任务一　掌握纸张单价的计算

纸张单价的计算方法有以下两种。

一、常规运算法

纸张单价　＝　纸张单位克重　×　纸张单位面积　×　纸张吨价　÷　10^6

↓　　　　　↓　　　　　　↓　　　　　　↓　　　　　↓

单位（元/张）　单位（g/m²）　单位（m²）　单位（元）　吨换算为克

【例3-13】80g/m²胶版纸规格为大度，吨价为8000元/吨。问每张纸的单价是多少？一吨约为多少张纸？

【解析】纸张单价＝80×0.889×1.194×8000÷10^6＝0.679元/张

一吨纸的张数＝10^6÷（0.889×1.194×80）＝11776张

二、快速运算法

如果把纸张的吨价设为T，定量设为M，规格面积设为S，根据常规法的推导，即：

纸张单价＝T×S×M÷10^6

　　　　＝T×S×M÷（2000×500）

　　　　＝T×M÷（N×500）　　　　　　　　　　　　　　　　　　（式3-18）

N＝2000÷S，针对不同规格的纸张，N不同。

大度纸　　889mm×1194mm　　　N＝1884

正度纸　　787mm×1092mm　　　N＝2328

特规格　850mm×1168mm　　　　　N＝1848
大规格　880mm×1230mm　　　　　N＝2014

同样根据纸张的单价可以推出每令纸的价格公式：

$$令价格＝T×M÷N \qquad (式3-19)$$

快速运算法是把每种规格的纸计算出一个常数N，这样，在计算纸张单价时就不会像公式计算法那样麻烦了。

【例3-14】大度纸128g/m² 的铜版纸吨价是7000元，求每张纸的价格。

【解析】纸张单价＝T×M÷（N×500）
　　　　　　　　＝7000×128÷（1884×500）
　　　　　　　　＝0.951（元/张）

【例3-15】正度纸157g/m² 的铜版纸吨价是7500元，求每张纸的价格。

【解析】纸张单价＝T×M÷（N×500）
　　　　　　　　＝7500×157÷（2328×500）
　　　　　　　　＝1.011（元/张）

【技能训练7】有一规格为880mm×1230mm的157g/m² 的铜版纸吨价是7950元，求每张纸的价格。

吨价＿＿＿＿＿＿＿＿＿＿
定量＿＿＿＿＿＿＿＿＿＿
常数＿＿＿＿＿＿＿＿＿＿
单价＿＿＿＿＿＿＿＿＿＿

【技能训练8】有一规格为850mm×1168mm的128g/m² 的铜版纸吨价是7000元，求每张纸的价格。

吨价＿＿＿＿＿＿＿＿＿＿
定量＿＿＿＿＿＿＿＿＿＿
常数＿＿＿＿＿＿＿＿＿＿
单价＿＿＿＿＿＿＿＿＿＿

任务二　精通纸款的计算

$$总纸价＝总用纸量×单价 \qquad (式3-20)$$

【例3-16】有一广告公司要印两种宣传单，大度16开，都用128g/m² 铜版纸，经计算一种需288张全开，另一种需要1500张全开，吨价为6700元，求分别需多少纸款。

【解析】

纸张单价＝T×M÷（N×500）＝6700×128÷（1884×500）
　　　　＝0.910（元/张）

令价格＝T×M÷N＝6700×128÷1884＝455（元/令）

第一种纸款＝用纸量×单价＝288×0.91＝262.08（元）

另一种纸款＝用纸量×单价＝1500÷500×455＝3×455＝1365（元）

【例3-17】某广告公司要印20000份大16开双面各4色宣传单，拼自翻版，用四开机印刷，选用128g/m² 铜版纸，吨价为6700元，求需多少纸款。（若上机印数大于3000印时，每块版的加

放率为10‰，若上机印数小于或等于3000印时，每块印版加放50张）

思路分析：

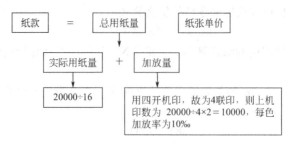

【解析】实际用纸量＝20000÷16＝1250（张全张纸）

连成自翻版，则上机印数为20000÷4×2＝10000＞3000

故加放量＝10000×（10‰×4）÷4＝100（张）

总用纸量＝1250＋100＝1350（张全张纸）

纸张单价＝T×M÷（N×500）＝128×6700÷（1884×500）＝0.910（元/张）

纸款＝用纸量×单价＝1350×0.910＝1299（元）

课后习题

1.某超市要印规格为185mm×260mm的宣传单50000份，双面各4色印刷，纸张选用128g/m² 铜版纸，吨价为6700元，并且用对开机印刷，拼自翻版，试计算需多少纸款。（若上机印数大于3000印时，每块版的加放率为10‰，若上机印数小于或等于3000印时，每块印版加放50张）

2.出版社要出版一本字典，大64开，832面，单色黑，共印刷15万册，纸张选用52g/m² 凸版纸印刷，吨价为5200元，并且用对开机印刷，试计算需多少纸款。（若上机印数大于3000印时，每块版的加放率为9‰，装订加放率为14‰，若上机印数小于或等于3000印时，每块印版加放50张）

3.某正32开书，内文采用52g/m² 胶版纸印刷，吨价为5500元，内文共320面，单色黑；书本尺寸为130mm×184mm，封面采用128g/m² 铜版纸印刷，单面四色，吨价为6700元，勒口宽为65mm，用对开机印刷，客户订数为30000册，试计算共需多少纸款。（若上机印数大于3000印时，每块版的加放率为9‰，装订加放率为14‰，若上机印数小于或等于3000印时，每块印版加放50张）

4.铜版纸的吨价为7000元，请分别计算128g/m²、157g/m²、180g/m²、210g/m²的正度纸和大度纸的单张价格。

5.某书，大16开，内文共272面，其中文字192面，单黑，用52g/m² 胶印纸单色印刷，吨价为5500元；彩插80面，双面4色，用105g/m² 铜版纸印刷，吨价为7900元；封面采用157g/m² 铜版纸单面4色印刷，吨价为6700元，求：

（1）印500册需多少纸款（用四开机印刷）？

（2）印10000册需多少纸款（用对开机印刷）？

（若上机印数大于3000印时，每块版的加放率为9‰，装订加放率为14‰，若上机印数小于或等于3000印时，每块印版加放50张，装订每印张的加放30张）

6.某册书为大32开，文字640面，60g/m² 胶版纸；彩插96面，105g/m² 铜版纸，双面四色印刷；用对开机印刷，印刷3500册，印刷加放率为每块版为9‰，装订加放率为14‰。试求总用纸量。

7.某杂志社印刷期刊为正16开，内文96面，70g/m² 胶版纸，单色黑；封面128g/m² 铜版纸，双面四色印刷；用对开机印刷，胶订，试计算2000册和5000册的总用纸量。（若上机印数大于3000印时，每块版的加放率为9‰，装订加放率为14‰，若上机印数小于或等于3000印时，每块印版加放50张，装订加放为30张）

8.某公司要做一本正度24开的样本，印制10000册，总面数100面，封皮为双面四色，展开为大度24开，用200g/m² 铜版纸，内文用128g/m² 铜版纸，双面四色，胶订，用对开四色印刷机印刷，计算总用纸量。（若上机印数大于3000印时，每块版的加放率为9‰，装订加放率为14‰，若上机印数小于或等于3000印时，每块印版加放50张，装订加放为30张）

9.一本书的印张数为10.625，印数为6000册，双色双面，用对开双色双面印刷机印刷，求加放量。（若上机印数大于3000印时，每块版的加放率为9‰，若上机印数小于或等于3000印时，每块印版加放50张）

10.一本书的印张数为8.75，印数为5000册，双面四色，用对开四色双面印刷机印刷，求加放量。（若上机印数大于3000印时，每块版的加放率为9‰，若上机印数小于或等于3000印时，每块印版加放50张）

模块四 印刷费计算

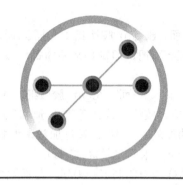

印刷是指将印版上的图文信息转移到承印物上的工艺过程。在传统印刷中，该工序是指从制备好胶片（晒制PS版）或组好版的电子文件（制CTP版）开始，直到输出载有图文信息的印页为止，即印刷半成品。

国产单色、双色印刷机和进口八开、四开、对开四色印刷机的起印数一般为2000～5000印不等，而国产八开单色印刷机（又称小胶印，适于印件小、批量少的印刷品）的起印数一般为1000印左右。

此外，有的是设定了开机费，即上机印数小于或等于3000印，印刷过程的费用就用开机费来计价。即：

$$印刷费＝开机费（含版费） \quad\quad （式4-1）$$

当上机印数大于3000印时，

$$印刷费＝印工费＋印版费＋拼版费 \quad\quad （式4-2）$$

如某地区开机费如下（仅供参考，为方便计算，本书例题和习题按照下列数据计算，若没有年限要求，按照全新机计算）。

1. 多色机

全开胶印机：

全新机	1500元
20世纪90年代机	1200元
20世纪80年代机	1000元

对开胶印机：

全新机	800元
20世纪90年代机	700元
20世纪80年代机	600元

四开胶印机：

全新机	400元
20世纪90年代机	350元
20世纪80年代机	300元

六开胶印机：
全新机　　　　　　　300元
20世纪90年代机　　　250元
20世纪80年代机　　　200元

2. 单色机

对开印刷机：200元/块

四开印刷机：100元/块

六开印刷机：50元/块

八开印刷机：50元/块

开机费的确定还要根据印刷的难易程度、交货时间来确定。

由于单色、双色、彩色印刷的印制范围不一样、计价项目及单价也有差别，加上印刷过程中，一些辅助生产环节也要额外收费，故下面对单色、双色、彩色印刷及辅助环节的计价分别进行介绍。

项目一　单色印刷费的计算

单色印刷指用一个颜色印刷的印刷品，如一般的书刊、学生教材、表格、文字说明书、简单的票据等。

目前市场上的书刊基本上都用胶印印刷，计价方法也以胶印为主。在学习印刷的计算方法前，应先掌握色令这个名词。色令又称对开色令或对开千印，是平版印刷的基本计算单位。通常以500全张纸一次印一色为一色令，即：

$$1色令 = 500张全张纸印1色 = 1000张对开纸印1色$$

色令数的计算公式：

$$色令数（对开千印数）= 总转数 \div 1000 \quad （式4-3）$$

$$总转数 = 印数 \times 色数 \times 印张 \quad （式4-4）$$

【例4-1】一本16开本的图书，经计算全书共计10个印张，要印刷6000册。如内文全部用黑色印刷，则内文印刷的色令数是多少？如内文每面都有彩色图片，需全部用4色印刷，则内文印刷的色令数又是多少？

【解析】

（1）单黑印刷

$$全书总转数 = 印数 \times 色数 \times 印张 = 6000 \times 2 \times 10 = 120000（转）$$

$$色令数 = 全书总转数 \div 1000 = 120000 \div 1000 = 120（色令）$$

（2）4色印刷

$$全书总转数 = 印数 \times 色数 \times 印张 = 6000 \times 8 \times 10 = 480000（转）$$

$$色令数 = 全书总转数 \div 1000 = 480000 \div 1000 = 480（色令）$$

任务一 掌握单张纸印刷费的计算

单色胶印印版及印刷工价表见表4-1，仅供参考。

表4-1 单张纸单色印版及印刷工价表

项目	计算单位	工价/元
文字线条版	对开千印	20
网纹版	对开千印	25
印版费	对开版每张	80

说明：

① 印数不足3000印时，只收开机费，含印版费和拼版费。

② 计算印版时，凡是自翻版印刷，只收一块版的费用。如果出版单位仅提供一份胶片，需要双联印刷正文，那印版数量要增加一倍。如果印数较大，每版印量超过40色令，则超过的部分，每色令另收2元上版费。比如某产品双面单色，印数为5万份，共5个印张，则应加收上版费＝2元×（50色令－40色令）×5×2＝200（元）。

③ 网纹版指占全书面积20%及以上者。

④ 用45g/m²及以下薄纸加价40%，250g以上铜版纸加价20%。

⑤ 如有着墨面积较大的实地版，占面数20%～30%加价10%，占面数31%～50%加价20%，占面数51%以上加价30%。

⑥ 如需要拼版，每一对开版收拼版费及片基费。8开、16开收20元，32开收30元，其他开收35元，四开版减半。例如，某成品为16开的书，其印张数为15，则此书的拼版费为15×2×20＝600（元）。

⑦ 此表系对开纸的工价，如用四开机印者印版及千印费按对开版50%计。

⑧ 上表工价以全张纸787mm×1092mm为标准，用850mm×1168mm以上规格纸张者照此表单价加20%。

⑨ PS版基价为每块80元（此价格为对开单张印版的价格，四开版减半）。超过基价，加收版材的差价。

⑩ 使用彩色墨工价另加30%。

单张纸类印刷品在计算时，按照上机印数计算，而不是色令数，对于单张纸类印刷品没有印张之说，而且印刷机器开幅比较灵活多变。

【例4-2】印制正16开单页10000张，80g/m²双胶纸，双面单色黑，网纹版，拼自翻版，用四开机印刷，问印刷费是多少？

【解析】

（1）单页的上机印数＝10000÷4×2＝5000＞3000

千印数＝5000÷1000＝5

由于是单色自翻版，故印版数＝1

印刷费＝印工费＋印版费＋拼版费

从上表中得知对开千印费25元，那么四开千印费12.5元

印工费＝千印数×单价×印版数＝5×12.5×1＝62.5（元）

印版费＝印版数×单价＝1×40＝40（元）

拼版费＝10（元）

印刷费＝62.5＋40＋10＝112.5（元）

（2）此题其他条件不变，把数量改成5000张

单页的上机印数＝5000÷4×2＝2500＜3000

故印刷费＝开机费＝100（元）

【例4-3】印制大8开单页20000张，双面单色黑，网纹版，拼自翻版，用对开机印刷，问印刷费是多少？

【解析】

单页的上机印数＝20000÷4×2＝10000＞3000

千印数＝10000÷1000＝10

由于是单色自翻版，故印版数＝1

故印刷费＝印工费＋印版费＋拼版费

从上表中得知对开千印费25元，由于采用的是大度纸单价加20%，

印工费＝千印数×单价×印版数＝10×25×（1＋20%）×1＝300（元）

印版费＝印版数×单价＝1×80×（1＋20%）＝96（元）

拼版费＝20（元）

印刷费＝300＋96＋20＝416（元）

【技能训练1】印制正度32开单页，20000张，双面单色黑，文字版，拼自翻版，用对开机印刷，问印刷费是多少？

上机印数＿＿＿＿＿＿＿＿＿＿＿＿＿＿＿

千印数＿＿＿＿＿＿＿＿＿＿＿＿＿＿＿

印版数＿＿＿＿＿＿＿＿＿＿＿＿＿＿＿

千印费单价＿＿＿＿＿＿＿＿＿＿＿＿＿＿＿

印工费＿＿＿＿＿＿＿＿＿＿＿＿＿＿＿

印版费＿＿＿＿＿＿＿＿＿＿＿＿＿＿＿

拼版费＿＿＿＿＿＿＿＿＿＿＿＿＿＿＿

印刷费＿＿＿＿＿＿＿＿＿＿＿＿＿＿＿

任务二　精通胶印书刊印刷费的计算

书刊的印刷在计算方法上和单页类似，只是书刊多数采用对开机印刷，可以是单面印刷机，也可以是双面印刷机。为了提高印刷速度和印刷质量，很多企业都购买了双面单色印刷机和双面四色印刷机，甚至印刷和装订一体化的机器。所以当遇到计算书刊的印刷费的问题时，不但要熟记公式，更要准确地分析印刷方式，做到成本最低，印刷更方便。

1.平版胶印书刊印刷费的计算

计算公式同单页。

若上机印数小于或等于3000印时，印刷费＝开机费（含版费）；

若上机印数大于3000印时：

印刷费＝印工费＋印版费＋拼版费

印工费＝色令数×单价

印版费＝印版数×单价

拼版费＝拼版数×单价

【例4-4】初次印制大32开图书10000本，文字版，正文采取单色双面印刷，已知该书正文共288面，问该书正文的印刷费是多少？

【解析】

① 由于此书印刷10000本，大于3000，故印刷费＝印工费＋印版费＋拼版费

印张数＝288÷32＝9

色令数＝10000×2×9÷1000＝180

查表4-1，得到印刷费单价20元/对开千印，32开拼版费为30元/对开，印版费80元/对开版，由于大32开图书要使用850mm×1168mm规格纸张印刷，因此表中价格即印工费和上版费要加价20%。

计算印刷各部分的费用

拼版费＝9×2×30＝540（元）

印版费＝9×2×80×（1＋20%）＝1728（元）

印工费＝180×20×（1＋20%）＝4320（元）

印刷费＝540＋1728＋4320＝6588（元）

② 若此题其他条件不变，印刷数量改为1000册，则计算过程如下：

上机印数＝书刊的册数＝1000＜3000，印刷费＝开机费（含版费）

印张数＝288÷32＝9

印版数＝9×2＝18

印刷费＝开机费＝200×18＝3600（元）

【技能训练2】

某出版社印刷小学教材20000册，正度32开，内文全部采用黑色印刷，排版顺序为，前言背版权，目录1～5面，空白1面，正文232面，需要拼版，用对开印刷机印刷，问印刷费多少元？

总面数＿＿＿＿＿＿＿

印张数＿＿＿＿＿＿＿

印版数＿＿＿＿＿＿＿

总转数＿＿＿＿＿＿＿

色令数＿＿＿＿＿＿＿

印工费＿＿＿＿＿＿＿

印版费＿＿＿＿＿＿＿

拼版费＿＿＿＿＿＿＿

印刷费＿＿＿＿＿＿＿

2. 胶印轮转书刊印刷费的计算

胶印轮转书刊印刷及晒上版工价见表4-2，仅供参考。

表4-2　胶印轮转书刊印刷及印版价格表

项目	计算单位	工价/元
文字线条版	1印张	0.020
文字网纹版	1印张	0.022
印版	对开版每张	80

说明：

① 胶印轮转书刊印刷的计价单位为1印张，指的是1令纸的千分之一。

② 印数不足5000印按5000印计，无论印数多少均收1次上版费。

③ 网纹版是指占全书面数20%及20%以上者。实地面积较大者，工价另议。

④ 外来软片需改文字、改图每处加收2元。

⑤ $45g/m^2$ 及 $45g/m^2$ 以下的薄纸加价30%，$60g/m^2$ 及 $60g/m^2$ 以上厚纸加价20%。

⑥ 如需要拼版，每一对开版收拼版费及片基费。16开收20元，32开收30元，64开收40元。

⑦ 上表工价是采用每公斤12元以下的黑墨印刷。若单价在12～13元之间，每千印加收0.50元，13～14元加1.00元，彩色

墨加收30%。

⑧ PS版基价为每块80元/张对开。超过基价，加收版材的差价。

⑨ 自翻版印刷只收一块PS版的费用。

⑩ 上表工价以全张纸787mm×1092mm为标准，用850mm×1168mm及以上规格纸张者照此表单价加20%。

【例4-5】初次印制某大16开书4000册，正文采取单黑双面印刷，已知该书正文共12个印张，用对开轮转胶印机印刷，问此书正文的印刷费是多少？

【解析】查表4-2，得到印刷费单价0.020元/印张，16开拼版费为20元/对开，印版费80元/对开版，由于大16开图书要使用889mm×1194mm规格纸张印刷，因此表中价格印工费和印版费要加价20%。另外，由于印数不足5000印，故按5000印计。

拼版费＝12×2×20＝480（元）

印版费＝12×2×80×（1＋20%）＝2304（元）

印工费＝12×5000×0.020×（1＋20%）＝1440（元）

印刷费＝480＋2304＋1440＝4224（元）

任务三　了解轻印刷部分印刷费的计算

目前，轻印刷机以其经济性、快速性及小批量印刷的优越性，使它在印刷行业占有一定的比例，特别是在机关学校中的办公印刷上发挥了巨大的作用。常用的单色轻印刷机印刷幅面为8开，印刷的纸张可以为28～250g/m²，主要印制文件、内部资料、补充教材、考卷等单色或简单双色的产品。

轻印刷所使用的印版通常有两种。一种版材是氧化锌纸基版材，此种版材的特点是价格低廉，如果有已经排好的纸质稿件，则可通过复印的原理直接用此稿件进行晒版，省去了重新排版、出片的时间和费用，但印刷质量不高。另一种版材为PS版材，使用PS版材必需使用软片或硫酸纸进行晒版，一般需要重新排版、校对，周期也相应较长，适用于印数相对较大，且质量要求相对较高的印刷品。

轻印刷的印刷费计价方式如下：

单色轻印刷费＝印版费＋印工费　　　　　　　　　　　　（式4-5）

印版费＝印张数×2×4×印版单价　　　　　　　　　　　（式4-6）

印工费＝印张数×2×4×印数×印工单价÷1000　　　　　（式4-7）

注：式中的2表示1印张需2块对开版，4表示1块对开版相当于4块8开版。

单色8开轻印刷机印版及印刷工价见表4-3，仅供参考。

表4-3　单色8开轻印刷机印版及印刷工价

项目	计算单位	工价/元
文字版	千印	10
线条、表格版	千印	11
印版	8开版每张	10

说明：

① 印数不足1000印的，按1000印计。

② 印版基价10元指的是使用PS版，如使用氧化锌纸基版，则印版基价为3元。

③ 专色印刷按上表工价加价30%。

【例4-6】 有一客户要印两种书,一种是800册16开单面单黑,印张数为5;另一种是2000册16开单面绿色,印张数为6。版材均采用PS版,用8开轻印刷机印刷,问这项业务的印刷费是多少?

【解析】 800册16开单面单黑的印刷费:

印版费 = 5×2×4×10 = 400(元)

由于印数不足1000印,故按1000印计

印工费 = 5×2×4×1000×10÷1000 = 400(元)

印刷费 = 400 + 400 = 800(元)

2000册16开单面绿色的印刷费:

印版费 = 6×2×4×10 = 480(元)

印工费 = 6×2×4×2000×10×(1+30%)÷1000 = 1248(元)

印刷费 = 480 + 1248 = 1728(元)

总印费 = 800 + 1728 = 2528(元)

【技能训练3】

有一客户印刷两种宣传单,一种是500份,正度16开,单面单色黑,另一种是2000份,正度16开,单面单色红,用版材为PS版,用八开轻型印刷机印刷,求印刷费。

印版数_____

印版费_____

印工费_____

印刷费_____

项目二 双色印刷费的计算

双色印刷就是用两种专色进行套印的印刷方式。其相比于单色印刷,具有彩色效果,而相比于四色以上的多色印刷,则成本较低,此外,双色印刷对纸张要求也不是很高,一般选用胶版纸、轻型纸即可。双色印刷主要适用于版式活泼、图文对比突出的一般性科普图书、中小学教材和简单宣传印刷品等。

双色印刷的印刷费计价公式如下:

$$双色印刷费 = 拼版费 + 印版费 + 印工费 \quad (式4-8)$$

$$拼版费 = 印张数 × 2 × 2 × 对开印版单价 \quad (式4-9)$$

$$印版费 = 印张数 × 2 × 2 × 对开印版单价 \quad (式4-10)$$

$$印刷费 = 色令数 × 色令单价 \quad (式4-11)$$

注:第1个2表示1个印张需2张对开版,第2个2表示色数。

双色胶印印版及印刷工价见表4-4,仅供参考。

表4-4 双色胶印印版及印刷工价

项目	计算单位	工价/元
印刷	对开千印	20
印版	对开每色	80

说明：

① 印数不足5千印，按5千印计，5千印以上按实际计（起印数不一定为5000，各个地区有所不同）。不足一个印张的另页按实际上版次数计。

② 表4-4系对开纸的工价，如用四开机印刷则印版及印刷费按对开版50%计。

③ 如需要拼版，对开每色收拼版费及片基费8开、16开收20元，32开收30元，其他开收35元。

④ 表4-4工价以全张纸787mm×1092mm为标准，用850mm×1168mm及以上规格纸张者照此表单价加20%。

⑤ 用45g/m² 及以下薄纸加价40%，250g以上铜版纸加价20%。

⑥ PS版基价为每块80元。超过基价，加收版材的差价。

⑦ 自翻版印刷收一套PS版的费用。

【例4-7】某出版社初次印刷一本大16开小学教材20000册，正文共144面，双面双色印刷，求此书正文的印刷费为多少。

【解析】① 印张数＝144÷16＝9；色令数＝20000×4×9÷1000＝720

查表4-4，取印刷费单价20元/对开千印，16开拼版费为20元/对开，印版费80元/对开版，由于大16开图书要使用889mm×1194mm规格纸张印刷，因此表中价格即印工费和印版费要加价20%。

② 计算印刷各部分的费用

拼版费＝9×2×2×20＝720（元）

印版费＝9×2×2×80×（1＋20%）＝3456（元）

印工费＝720×20×（1＋20%）＝17280（元）

印刷费＝720＋3456＋17280＝21456（元）

【例4-8】某公司为其新开发的产品印刷一本大32开的产品宣传册8000册，共28面，对开双面双色印刷，求此书正文的印刷费是多少。

【解析】① 印张数＝28÷32＝0.875＝0.5＋0.25＋0.125；

② 计算色令数

0.5印张部分：上机印数＝8000÷2＝4000＜5000，按5000计；

0.25印张部分：上机印数＝8000÷4＝2000＜5000，按5000计；

0.125印张部分：8联印，印数＝8000÷8＝1000＜5000，按5000计。

查表4-4，取印刷费单价20元/对开千印，32开拼版费为30元/对开，印版费80元/对开版，由于大32开图书要使用850mm×1168mm规格纸张印刷，因此表中价格即印工费和上版费要加价20%。

③ 计算印刷各部分的费用

拼版费＝3×4×30＝360（元）

印版费＝3×4×80×（1＋20%）＝1152（元）

印工费＝（5＋5＋5）×20×（1＋20%）＝360（元）

印刷费＝360＋1152＋360＝1872（元）

【技能训练4】印刷书刊2500册，正度16开，共计8个印张，60g胶版纸，双面双色，需要拼版，用对开机印刷，求印刷费。

印张数＿＿＿＿＿＿＿＿＿＿＿＿＿＿＿＿＿＿＿＿

印版数＿＿＿＿＿＿＿＿＿＿＿＿＿＿＿＿＿＿＿＿

色令数＿＿＿＿＿＿＿＿＿＿＿＿＿＿＿＿＿＿＿＿

印工费＿＿＿＿＿＿＿＿＿＿＿＿＿＿＿＿＿＿＿＿

印版费 _____
拼版费 _____
印刷费 _____

项目三　四色印刷费的计算

四色印刷就是用黄、品红、青、黑四种颜色进行套印的印刷方式。其具有很好地再现作品的艺术效果，具有对排版、软片、印版、纸张、油墨、设备、操作人员等要求都比较高、成本也较高的特点，主要适用于文中有大量以彩色图片为主的中、高档印刷品。如宣传册、画册、广告及封面等。

四色印刷费的计价公式如下：

$$四色印刷费 = 印工费 + 印版费 \quad\quad\quad (式4\text{-}12)$$
$$对开印版费 = 印版数 \times 印版单价 \times (1 + 大度加成) \quad\quad\quad (式4\text{-}13)$$
$$印工费 = 色令数 \times 色令单价 \times (1 + 大度加成) \quad\quad\quad (式4\text{-}14)$$

四色胶印印版及印刷工价见表4-5，仅供参考。

表4-5　四色胶印印版及印刷工价

项目	计算单位	工价/元
文字线条版	对开千印每色	20
图案满版	对开千印每色	25
实地版	对开千印每色	30
印版	对开每张	80
套白油	对开千印	16
跑空	对开千印	10

说明：

① 印数不足3千印，印刷费＝开机费（含版费）。

② 由于纸张在制造工艺方面的原因，在印刷过程中可能会出现纸张脱粉掉毛，并且堆积在橡皮布上面，影响印迹墨色的网点、图文正确传递，因此常在正式印刷纸张之前，套印一道白油，以弥补纸张脱粉掉毛的不足。套白油的计价方法是：单价×色令数。如某产品共用100令纸，单面单色印刷，则套白油总价格＝16元/对开千印×100色令＝1600（元）。

③ 近年来，由于为了使印品颜色更加鲜艳、耐磨，不少出版或委印单位都在采取上光油或亚光油的加工工艺，因此有必要增加印光油这一加工计价项目。至于单价，按一色印刷费计算。

④ 使用双色机只印刷一色时，另一个辊筒按跑空计价；使用四色机印刷时，如有1个辊筒跑空，则按一个跑空费计价，有两组以上跑空者，最多只收2个跑空费。如某产品使用对开四色机单面单色印刷，总量100令纸，则跑空费＝10元/对开千印×100对开千印×2＝2000（元）。

⑤ 上表系对开纸的工价，如必需四开或小于四开纸印刷的产品照上表工价减半，印版工价按对开版减半。三开纸千印按对开千印工价计。

⑥ 如需要挖改文字，则按每处1元加价。如需要更换彩图，则每换一个P，按一个P拼版价计算，计价公式：对开拼版总价/（开本数的1/2）。例如，更换一个16开四色彩图，其挖改费＝30×4÷（16/2）＝15（元）。

⑦ 上表工价以全张纸787mm×1092mm为标准，用850mm×1168mm及以上规格纸张者印工费、印版费、套白油费、印光油费均加20%。

⑧ 用45g/m² 及以下薄纸加价40%，250g/m² 及以上厚纸及纹纸加价50%。

⑨ 自翻版印刷收一套PS版的费用。

任务一　掌握单张纸印刷费的计算

印刷品的彩色化要求印刷机本身向多元化发展。快速、小批量彩色印刷品数量不断增加，促使小幅面印刷机的市场占有率大大提高，这些小幅面四色印刷机在计算印刷费时较为灵活，下面举例谈谈印刷费的计算方法。

公式：

若上机印数小于或等于3000印时，印刷费＝开机费（含版费）

若上机印数大于3000印时，印刷费＝印工费＋印版费

【例4-9】某公司印刷5000张正四开单面四色海报（满版图案），用四开四色机印刷，$200g/m^2$ 铜版纸，试求印刷费。如印刷2500张，试求印刷费。

【解析】

① 上机印数＝转数＝5000＞3000

千印数＝5000÷1000＝5

印版数＝4

印刷费＝印工费＋印版费

满版图案的对开千印费为25元，四开为12.5元，印版每张对开80元，四开为40元

印工费＝5×12.5×4＝250（元）

印版费＝4×40＝160（元）

印刷费＝250＋160＝410（元）

② 印刷2500张

上机印数＝转数＝2500＜3000

印刷费＝开机费＝400（元）

【技能训练5】某学校印刷招生简章50000份，规格为185mm×260mm的三折页，双面四色，用四开四色机印刷，拼自翻版，$105g/m^2$ 铜版纸，求印刷费。

上机印数_____

千印数_____

印版数_____

四开千印单价_____

印工费_____

印版费_____

印刷费_____

任务二　精通书刊印刷费的计算

书刊印刷费的计算方法，也是应用上述知识点，较为琐碎，所以计算时看清题目要求，书刊分为封面和内文两部分，计算时略有差别，以下题为例。

公式：

若上机印数小于或等于3000印时，印刷费＝开机费（含版费）

若上机印数大于3000印时,印刷费=印工费+印版费

【例4-10】初次印刷一本大32开彩色图书5000册,正文共352面,采用105g/m²铜版纸,双面四色,满版图案,对开四色机印刷,问正文印刷费为多少?若印刷2500册呢?

【解析】① 上机印数=册数=5000>3000

所以印刷费=印工费+印版费

印张数=352÷32=11

色令数=5000×8×11÷1000=440

查表4-5,取印刷费单价25元/对开千印,印版费80元/对开版,由于大32开图书要使用850mm×1168mm规格纸张印刷,因此表中价格即印工费和上版费要加价20%。

② 计算印刷各部分的费用

印版费=11×2×4×80×(1+20%)=8448(元)

印工费=440×25×(1+20%)=13200(元)

印刷费=8448+13200=21648(元)

③ 上机印数=册数=2500<3000

印刷费=开机费=800×11×2=17600(元)

【例4-11】印刷一本规格为210mm×285mm大16开彩色图书4000册,正文共208面,采用105g/m²铜版纸(厚度为0.075mm)双面双色胶印印刷,封面采用200g/m²铜版纸,"4+0"印刷,均用四色对开机印刷,问此书的印刷费为多少?

【解析】(1)求正文印刷费

① 上机印数=册数=4000>3000

所以印刷费=印工费+印版费

印张数=208÷16=13;色令数=4000×4×13÷1000=208

查表4-4,取印刷费单价20元/对开千印,印版费80元/对开版,由于大16开图书要使用889mm×1194mm规格纸张印刷,因此表中价格即印工费和印费要加价20%;由于采用四色对开机印刷,故有两个滚筒跑空,跑空单价为10元/对开千印。

② 计算各部分的费用

印版费=13×2×2×80×(1+20%)=4992(元)

印工费=208×20×(1+20%)=4992(元)

跑空费=10×208×2=4160(元)

印刷费=4992+4992+4160=14144(元)

(2)求封面印刷费

① 计算封面规格

封面长=2×210+0.075×(208/2)≈428(mm)

封面宽=285(mm)

故封面成品尺寸为285mm×428mm,设计尺寸为291mm×434mm。开法可以选择用大度纸或正度纸的短边除以封面的长边,也可以选择用大度纸或正度纸的长边除以封面的长边。

第一组,大度纸的短边除以封面的长边。

[889-4(纸光边)]÷434≈2.039

(1194-4)÷291≈4.089,开数为2×4=8(开)

由于选用对开机印刷,故在长边处应留2处裁成对开纸后的印刷咬口位,现长边余

$0.09 \times 291 \approx 26\text{mm}$，足够用于对开机印刷时留有2处咬口位。

第二组，大度纸的长边除以封面的长边：

（889-4）÷291≈3.04

（1194-4）÷434≈2.74，开数为3×2=6（开）

第三组，正度纸的短边除以封面的长边：

（787-4）÷434≈1.8

（1092-4）÷291≈3.739

由于选用对开机印刷，长边开数应取偶数，故开数为1×3=3开。

第四组，正度纸的长边除以封面的长边：

（787-4）÷291≈2.69

（1092-4）÷434≈2.5，开数为2×2=4（开）

综上所述，应选择开数为大8开。

② 计算印刷费

印数＝4000÷（8/2）＝1000＜3000

印刷费＝开机费＝800（元）

【技能训练6】印刷一本大16开的书刊，印刷3500册，共计8个印张，用128g/m^2铜版纸，内文全部为双面四色，满版图案，用四色对开机印刷，求印刷费。

印版数＿＿＿＿＿＿＿＿＿＿＿＿＿＿＿＿

印版费＿＿＿＿＿＿＿＿＿＿＿＿＿＿＿＿

总转数＿＿＿＿＿＿＿＿＿＿＿＿＿＿＿＿

色令数＿＿＿＿＿＿＿＿＿＿＿＿＿＿＿＿

色令单价＿＿＿＿＿＿＿＿＿＿＿＿＿＿

印工费＿＿＿＿＿＿＿＿＿＿＿＿＿＿＿＿

印刷费＿＿＿＿＿＿＿＿＿＿＿＿＿＿＿＿

任务三　熟悉数字印刷费的计算

一、认识数字印刷

数字印刷利用印前系统将图文信息直接通过网络传输到数字印刷机上印刷，是一种新型印刷技术。数字印刷系统主要是由印前系统和数字印刷机组成，有些系统还配上装订和裁切设备。

近几年来，印刷技术的发展速度如此之快，很明显未来是属于数字技术的，但它要花费比大多数专家预言的时间都要长的时间。

数字印刷技术还要用很长的时间才能占领彩色印刷业务市场。然而数字印刷技术与传统印刷之间仍有一个明显的区别，那就是对许多印刷企业来说，逐渐成熟的数字印刷技术有着十分吸引人的魅力，而传统加工方式低廉的价格也同样吸引着客户，这两个方面处于一种矛盾的状态。

根据经验，当印刷数量在500～1000印张的时候，数字印刷比传统印刷更具优势。对于低于该印量的作业，数字设备的优势是无可匹敌的，节省了印前的费用，许多数字印刷都应用于新商务模式，如个性化市场宣传材料和非传统类型的印刷品，这些市场都是传统印刷无法涉足的。从这种意义上无法对两种印刷方式的成本进行具体的比较，因为在数字印刷中还包括数据处理和客户服务等方面的内容，而这些正是传统印刷方式所欠缺的。

一些新型的设备，如Xerox公司的Docutech6060或HP公司的Indigo1000都常应用于短版彩色印刷中，虽然传统印刷设备也可以完成这些作业，但竞争力却明显下降。

二、数字印刷计价

传统胶印随着印刷数量的增加，单价或成本降低，而且生产作业较长，流程较复杂。而数字印刷技术不受最低数量限制，可以一张起印，可以随时改版，生产作业灵活，速度快，可以实现"按需印刷，立等可取"。数字印刷计价参见表4-6、表4-7。

表4-6　某地区数字印刷价目表

$200g/m^2$以内铜版、哑粉纸	200印以内	200～500印	500～100印	1000印以上	备注
彩色	1.3	1.2	1.1	面议	每增加50g，加0.5元
黑白（铜版、哑粉纸）	0.8	0.8	0.7	面议	每增加50g，加0.3元
黑白（$80g/m^2$胶版纸）	0.8	0.8	0.5	面议	每增加50g，加0.2元
不干胶（彩色）	3	2.5	2	面议	
不干胶（彩色）	1.8	1.5	1.2	面议	
非涂布特种纸（纸费另计）	3	2.5	2	面议	
涂布特种纸（纸费另计）	4	3.5	3	面议	

表4-7　某地区装订及印后加工价目表

项目	价格	备注
热覆膜	1元/面	量多面议
折页	0.15元/折	10元起价
骑马订	1元/本	量多面议
圈装/夹条装	20本以内，3.5元/本；100本以内，2.8元/本；100本以上，2.1元/本	20元起价
对裱	10张以上1.4元/张 A3；50张以上0.7元/张 A3	10元起价
普通胶装	7元/A4；10.5元/A3；20本以上，5～10元。总价不低于200元	
锁线胶装	21元/A4；20本以上，10～20元。总价不低于400元	
锁线胶装/对裱精装	42元/A4；56元/A3	20本以上面议
普通胶装/精装	28元/A4；42元/A3	20本以上面议
切成品	20元	视切数量和难度

项目四　包装、装潢、商标印刷费的计算

随着我国经济发展和社会生活的进步，包装、装潢、商标印刷已经逐渐成为印刷业发达地区的支柱产业，如烟酒、食品企业等都是需求量大的包装类印刷客户。该类印刷的价格如表4-8所示，仅供参考。

表4-8 包装、装潢、商标印刷价格表

规格（mm）开数	单位	3千印及以内基础价/元	3千印以上超基础价/（元/印次）	4万印以上标准价/（元/印次）
780×540（2～3开）	每色	700.00	0.032	0.046
540×390（4～7开）	每色	500.00	0.023	0.033
390×270（8～13开）	每色	350.00	0.017	0.024
270×200（14开以下）	每色	260.00	0.013	0.018

说明：

① 表4-8工价包括上版、版材、印刷、改色、包装，不包括制版、纸张。

② 以上工价以每张每色为计算单位。每张每色在3000印及以内者，只收基础价；印数在3000～40000印者，除照收基础价外，还另收超过3000部分的费用，计算公式为：

$$总金额＝基础价＋（实际印数－3000）×超基础单价 \qquad (式4-15)$$

如某产品为对开10000张印一色，则总价格＝700＋（10000－3000）×0.032＝924元；

印数高于4万印者，不另收基础价，只按4万印以上的标准价收费，其计算公式为：

$$总金额＝总印数×单价 \qquad (式4-16)$$

如某产品为对开50000张印一色，则总价格＝50000×0.046＝2300元。

③ 叠色、压凸各按一色计价收费。凸印单色加收50%。使用荧光墨印刷，加收100%。普通油墨调入少量荧光墨，加收50%。印金银墨时，按色地占纸张面积大小分别计算：油墨占纸张面积1/4的产品加收100%；油墨占纸张面积1/2的产品加收200%；油墨占纸张面积3/4的产品加收300%；油墨占纸张面积3/4以上的产品加收400%。

④ 250g以上的厚度，40g及以下的薄纸，加价30%。400g及以上的厚纸加收50%。玻璃卡纸加收50%，铝箔纸（钢精纸）、描图纸加收150%，PVC胶片加收400%。

⑤ 烫印电化铝以2000印为计算起点，不足2000印按2000印计。2～3开每色每次收0.07元，4～7开每色每次收0.05元，8～12开每色每次收0.035元，12开以下每色每次收0.025元；上亮油，2～3开每张0.15元，4～7开每张0.10元，8开以下每张0.06元。

⑥ 胶印机跑空时，对开机每组每次收0.016元，4开机每组每次收0.01元。

⑦ 本工价表以使用787mm×1092mm规格的纸张为准，超过该规格者，加价30%。

【例4-12】要用250g/m² 白卡纸印刷2000个包装盒，上机印刷开数是正度4开，外表面印银色（实地面积占80%），两处标识印橘黄色（少量荧光），其余文字印黑色，用四色机印刷。求：

（1）印刷2000个包装盒，印刷费是多少元？

（2）如果印刷25000个，印刷费是多少元？

（3）如果印刷50000个，印刷费是多少元？

【解析】（1）如果印刷2000印，其基础价为500元（4开）

银色印工费：由于超过75%需加收400%

总计银色印刷费＝500×（1＋400%）＝2500（元）

荧光橘黄色印刷费：普通油墨加入少量的荧光墨加收50%，故：

总计荧光橘黄色印刷费＝500×（1＋50%）＝750（元）

黑色印刷费＝500（元）

由于用四色机印刷，而实际只印3色，故有一组滚筒跑空，即应收一组跑空费，跑空费＝2000×0.01＝20（元）

因此，印刷2000个的印刷费＝2500＋750＋500＋20＝3770（元）

（2）如果印刷25000个，印数在3000～40000印之间，超基础单价为0.023元/印次，总金额＝基础价＋（实际印数－3000）×超基础单价，即：

银色印刷费＝2500＋（25000－3000）×0.023×（1＋400%）＝5030（元）

荧光橘黄色印刷费＝750＋（25000－3000）×0.023×（1＋50%）＝1509（元）

黑色印刷费＝500＋（25000－3000）×0.023＝1006（元）

由于用四色机印刷，而实际只印3色，故有一组滚筒跑空，即应收一组跑空费

跑空费 = 25000 × 0.01 = 250（元）

因此，印刷25000个的印刷费 = 5030 + 1509 + 1006 + 250 = 7795（元）

（3）如果印刷50000个，印数在4万印以上，4万印以上标准单价为0.033元/印次，总金额 = 总印数 × 4万印以上标准单价

银色印刷费 = 50000 × 0.033 × (1 + 400%) = 8250（元）

荧光橘黄色印刷费 = 50000 × 0.033 × (1 + 50%) = 2475（元）

黑色印刷费 = 50000 × 0.033 = 1650（元）

由于用四色机印刷，而实际只印3色，故有一组滚筒跑空，即应收一组跑空费

跑空费 = 50000 × 0.01 = 500（元）

因此，印刷50000个的印刷费 = 8250 + 2475 + 1650 + 500 = 12875（元）

【技能训练7】要用300g/m² 白卡纸印刷2500个包装盒，印刷开数是正对开，外表面一处印金色，油墨占纸张面积1/4，一处标识印红色（少量荧光），另一处印银色，油墨占纸张面积3/4，其余文字印黑色，用四色机印刷，求总印刷费。

基础价_____

金色印刷费_____

红色印刷费_____

银色印刷费_____

黑色印刷费_____

总费用_____

项目五　CTP制版印刷费的计算

CTP制版（Computer to Plate）：从计算机直接到印版，即"脱机直接制版"。最早是由照相直接制版发展而来，它采用计算机控制的激光扫描成像，然后通过显影、定影等工序制成印版。这一技术免去了胶片这一中间媒介，使文字、图像直接转变成数字，减少了中间过程的质量损耗和材料消耗。

任务一　掌握传统制版与CTP制版的区别

1. 印刷质量好

因为CTP技术不再使用胶片，而是通过光能或热能直接将图文呈现在印版上，因此，印版上的网点是直接一次成像的网点，免除了胶片因素与灰尘带来的制版缺陷，比普通PS版上的网点更干净、清晰。同时，由于工序的减少，避免了制版过程中的许多变数，如胶片显影、曝光以及化学显影药品等。这也使得制版过程中出现人为差错的可能性大大降低，稳定性要比普通PS版好得多。另外，CTP技术使用了更为精确的印版定位技术，免除了手工拼版的误差，所完成的四色版的重复定位精度可达微米级，在印刷品中的亮调误差几乎可以忽略。可见，CTP技

术必然会提高印刷质量。

2.缩短生产周期，节省劳动力成本

传统制版工艺从照排出胶片到晒版需要 40 分钟的时间，特别是当版面较为集中时，所需时间更长，经常会出现印刷机等版的情况。而 CTP 技术一般可以预览、拼大版（拼贴客户所需的版面），通过光能或热能直接在版材上成像，这样就省去了照排出片、手工拼版、晒版等工序。拼好一套对开四色版只需一两分钟，输出一套四色版也只需约 10 分钟，比传统制版工艺节省近 30 分钟的时间，避免了传统制版工艺中印刷机等版的现象。另外，还可大大缩短印刷准备时间及预印纸张和油墨的耗费。

3.可以进行远程传版，实现按需印刷

因特网作为一种商业工具，将印刷厂与客户、供应商联系在一起，完成销售、分发印刷品、管理印刷生产和订购耗材等工作。现在有许多印刷厂都已经实现了网络连接，使用电子邮件进行业务联系。有些还建立了自己的网页。CTP 技术全面采用数字化工艺流程，为网上传版进行异地印刷提供了便利条件。而且，CTP 可实现"RIP 一次，多次输出"，即一旦由一个 RIP 将文件解释成矢量格式，形成网点阵列后，就可以将数据存储在硬盘上，多次输出，方便快速地进行远程传版，从而实现按需印刷。

4.实现绿色制版

CTP 技术中所使用的免冲洗热敏版材可以在明室中进行操作，不需要经过化学冲洗。相对于传统制版工艺而言，不再使用显影药品，从而避免了废水等有毒物质的产生，保护了环境，真正实现了绿色制版。

任务二　精通计算过程

CTP 制版省去了制作菲林片的过程，所以在计算制版费要注意这一点，另外还省去了手工拼版、晒版的过程，所以在计算印刷费时，无论是单色印刷还是多色印刷，没有拼版费和晒上版费，计算公式如下。

若上机印数小于或等于 3000 印时，印刷费＝开机费（含版费）

若上机印数大于 3000 印时，印刷费＝印工费＋印版费

CIP 制版印版及印刷工价见表 4-9。

表4-9　CTP制版印版及印刷工价

项目	计算单位	工价/元
文字线条版	对开千印每色	20
图案满版	对开千印每色	25
实地版	对开千印每色	30
印版	对开每张	100
套白油	对开千印	16
跑空	对开千印	10

计价说明参考单色印刷和四色印刷，不在此重复。

【例4-13】印刷单页10000张，正度16开，双面单色文字版，拼自翻版，80g/m² 双胶纸，用对开机印刷，求印刷费。

【解析】（1）上机印数＝10000÷8×2＝2500＜3000

所以印刷费＝开机费＝200（元）

（2）若其他条件不变，对开机印刷改成四开印刷机，求印刷费。

上机印数＝10000÷4×2＝5000＞3000

千印数＝5000÷1000＝5

印版数＝1

对开印版100元/张，四开印版50元/张；对开千印费20元，四开千印费10元。

印工费＝5×10×1＝50（元）

印版费＝1×50＝50（元）

印刷费＝50＋50＝100（元）

（3）若其他条件不变，双面单色文字版改为双面四色图案满版，求印刷费。

上机印数＝10000÷8×2＝2500＜3000

所以印刷费＝开机费＝800（元）

（4）若其他条件不变，印数10000张改成20000张，双面单色文字版改为双面四色图案满版，求印刷费。

上机印数＝20000÷8×2＝5000＞3000

千印数＝5000÷1000＝5

印版数＝4

对开印版100元/张，对开千印费25元。

印工费＝5×25×4＝500（元）

印版费＝4×100＝400（元）

印刷费＝500＋400＝900（元）

【技能训练8】某企业印刷书刊5000册，正度16开，封面为单面四色，展开尺寸为正度6开，200g/m² 铜版纸；内文为单色黑，文字稿，320面，70g/m² 胶版纸，另有彩插160面，105g/m² 铜版纸，双面四色。胶订，封面用四开四色机印刷，内文用对开机印刷，求印刷费。

封面的上机印数＿＿＿＿＿＿＿＿＿＿＿＿＿＿＿

封面的千印数＿＿＿＿＿＿＿＿＿＿＿＿＿＿＿＿

封面的印版数＿＿＿＿＿＿＿＿＿＿＿＿＿＿＿＿

封面的印工费＿＿＿＿＿＿＿＿＿＿＿＿＿＿＿＿

封面的印版费＿＿＿＿＿＿＿＿＿＿＿＿＿＿＿＿

封面的印刷费＿＿＿＿＿＿＿＿＿＿＿＿＿＿＿＿

单色内文的总转数＿＿＿＿＿＿＿＿＿＿＿＿＿＿

单色内文的色令数＿＿＿＿＿＿＿＿＿＿＿＿＿＿

单色内文的印版数＿＿＿＿＿＿＿＿＿＿＿＿＿＿

单色内文的印工费＿＿＿＿＿＿＿＿＿＿＿＿＿＿

单色内文的印版费＿＿＿＿＿＿＿＿＿＿＿＿＿＿

单色内文的印刷费＿＿＿＿＿＿＿＿＿＿＿＿＿＿

彩插的总转数＿＿＿＿＿＿＿＿＿＿＿＿＿＿＿＿

彩插的色令数＿＿＿＿＿＿＿＿＿＿＿＿＿＿＿＿

彩插的印版数＿＿＿＿＿＿＿＿＿＿＿＿＿＿＿＿＿＿＿＿＿＿

彩插的印工费＿＿＿＿＿＿＿＿＿＿＿＿＿＿＿＿＿＿＿＿＿＿

彩插的印版费＿＿＿＿＿＿＿＿＿＿＿＿＿＿＿＿＿＿＿＿＿＿

彩插的印刷费＿＿＿＿＿＿＿＿＿＿＿＿＿＿＿＿＿＿＿＿＿＿

总印刷费＿＿＿＿＿＿＿＿＿＿＿＿＿＿＿＿＿＿＿＿＿＿＿＿

课后习题

1. 初次印制大16开图书4000本，单色文字稿，正文采取单黑双面印刷，用四开机印刷，已知该书正文共208面，问该书正文的印工费是多少？

2. 初次印制大32开书8000册，单色文字稿，正文采取单黑双面印刷，已知该书正文共320面，采用胶印轮转机印刷，问该书正文的印工费是多少？

3. 有一客户要印两种宣传单，一种是500份正16开单面单黑；另一种是2000份正16开单面绿色，均采用氧化锌纸基版及8开轻印刷机印刷，问这项业务的印刷费是多少？

4. 某公司要重印一本正32开产品说明书2000册，共64面，单黑双面印刷，分别计算其用四开单张纸印刷机、对开胶印轮转机及8开轻印刷机印刷的印刷费？

5. 初次印刷一本日撕挂历，5000本，成品规格285mm×210mm，采用35g/m^{2}有光纸双色单面印刷，共365页，计算其用双色对开机的印刷费。

6. 初次印刷一本规格为130mm×184mm的彩色图书4000册，正文共348面，采用105g/m^{2}铜版纸（厚度为0.075mm）双面四色印刷，封面采用200g/m^{2}铜版纸，勒口宽为65mm，"4+0"印刷，均用四色单面对开机印刷，问此书的印刷费为多少？

7. 某出版社印刷中小学教材50000本，大32开，内文全部采用黑色印刷，共计12.5印张，用对开机印刷，采用880mm×1230mm的70g胶版纸，求内文的印刷费。（CTP制版）

8. 要用300g白卡纸印刷5000个手提袋，印刷开数是大对开，外表面一处印金色，油墨占纸张面积30%，一处用荧光油墨，另一处印银色，油墨占纸张面积80%，其余文字印黑色，用四色机印刷，求总印刷费。

9. 印刷单页10万张，大度16开，双面四色，105g/m^{2}铜版纸，用对开四色机印刷，拼自翻版，试求印刷费。若印刷1万张呢？（CTP制版）

模块五 印后加工计价

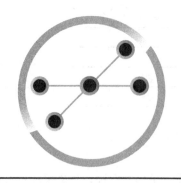

Unit 05

印后加工是保证印刷品质量并实现增值的重要手段，对印刷品的最终形态和使用性起着决定性作用，如何通过印后加工的各个环节提高印刷品的质量是一个值得关注的问题。

印后加工包含的内容因印刷品而异，例如报纸，只需裁切、折叠、打包；书籍的印后加工工序要比报纸复杂得多，用纱线将书帖锁订成册，即为书芯，三面切齐后，用各种装帧材料经裱糊、烫金、压凸等工序，制成硬或软质的书壳，然后把书芯与书壳套在一起压出书槽；商业印刷品也需进行印后加工，如单据、发票要订成本，邮票还必须在四周进行打孔工序；覆膜、烫银等印后加工在包装装潢上应用更是广泛。无论是哪种产品的印后加工，主要都包括以下内容：装订、裁切、表面整饰。

项目一 书刊装订的计价

我国现有出版单位近千家，其中，内地有出版社550多家，仅北京大约就有250家，港澳台地区共400家左右。我国每年出版书籍本册约80亿册，其中，教科书类近36亿册，其他图书近44亿册。

全国有各类印刷厂近16万家，从事书刊印刷业务的企业约10万家（不含小型个体装订厂），其中，从事印后装订工作的人数占印刷从业总人数的34.32%，担负着每年80亿册书的装订加工任务。

任务一 熟悉书刊装订工艺流程

装订是指将印好的书页、书帖加工成册，或把单据、票据等整理配套，订成册本等印后加工。装订工序承担着书刊印刷品最后的装饰加工任务，关系到书刊的使用价值、阅读价值和收藏价值。如果没有正确、牢固的联结和漂亮、高雅的装帧加工，再精细的印刷品，也无法体现出其档次和价值。因此，印后装订是印刷品包装的一个非常重要的加工工序。

1.骑马订装订的加工工序

撞页裁切→折页→配书帖和封面→订书→切书→检查包装

2.胶订书加工工序

撞页裁切→折页→配书帖→配书芯→刷胶→包封面→切书

3.线装书加工工序

理纸开料→折页→配页→散作齐栏→打眼→串纸订→粘面贴签条→切书→串线订书→印书根

4.精装书的工艺流程

压平→刷胶→干燥→裁切→扒圆→起脊→刷胶→粘纱布→再刷胶→粘堵头布→粘书脊纸→干燥→书壳制作→上书壳

任务二　了解书刊装订方法

我国最早的书，是用皮带或绳子把写有文字的竹片、木片，连串成册，称为"简策"。

简策十分笨重，不易阅读。后来人们把写有文字的丝绢，按照文章的长短裁开，卷成一卷，有的还在丝绢两端配上木轴，便出现了"卷轴装"的书。

纸张发明以后，把文字写在纸张上，按照一定的规格，向左右反复折叠成长方形的册子，将前后两页粘上硬纸或较厚的纸，作为封面和封底。这种装帧最初用于佛教经典，故叫经折装。

经折装的书籍，最前面的一页和最后面的一页是分开的，将经折装的首、末两页粘连在一起，翻开阅读有风吹来时，中间的纸页飞起，有如旋风，故名旋风装。

用以上两种方法装帧的书籍，翻阅时间长了，折叠处断裂，书页散落。到了宋朝，开始采用浆糊粘连或用丝线穿订的方法来装订书籍。

从明朝中期，开始有了线装书籍。线装书装订牢固、装帧美观、翻阅方便。

清朝以后，活字印刷逐渐代替了雕版印刷，印刷品的产量、品种不断增加，装订技术也得到了相应的发展，逐步从手工操作走向了机械化。现在，除了为保留我国民族传统，制作少量珍贵版本书和仿古书籍，采用线装外，主要的装订形式有平装和精装。装订的方法分为手工装订、半自动装订和使用联动机的全自动装订等。

现在的书刊装订，包括订和装两大工序。订书方法一般可以有骑马订、铁丝订、锁线订、胶粘订等四种。

任务三　掌握书刊装订的计价方法

一、骑马订和铁丝平订的计价

把页面套叠起来，用骑马订书机，将套帖配好的书心连同封面一起，在书脊上用两个铁丝扣订牢成为书刊。在装订时要考虑纸张页过多叠加会呈现"挤边"现象，纸张过多还会影响印刷品装订之后的成型效果。因此，采用骑马订的书不宜太厚，而且多帖书必须套合成一整帖才能装订。骑马订的装订形式简单，生产效率很高，适合于装订64页以下的薄本书籍，如期刊、杂志、练习本等（图5-1、图5-2）。

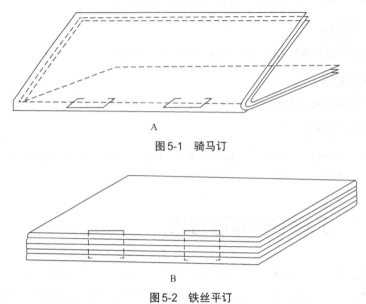

图5-1　骑马订

图5-2　铁丝平订

骑马订/铁丝平订费用＝（书心帖数＋封面帖数＋其他部件帖数）×工价×册数　　　（式5-1）

注意：

① 计算时，骑马订/铁丝平订的封面按一帖（手）计。

② 如果是轮转印刷，自带折页装置，需要减去折页费用。

③ 装订帖数的计算是根据折页机的折页功能、开本大小和纸张厚度来决定的，因此在印前拼版时要根据装订的折页要求来安排装订的帖。一般的折页机常有的折页方法有4面、6面、8面、12面、16面、24面、32面，但是纸张过厚时，比如80g/m² 以上的胶版纸或者128g/m² 以上的铜版纸都不能折24面以上的。也就是说当折的次数大于3时，折叠处会出现皱褶。

④ 在书刊印数比较少（如仅数千册）时，一般要根据"使不足一个印张的书页数为2的整数倍数"的原则向上进位，因为在书刊装订过程中单张书页（零页）必须人工粘贴，不仅非常麻烦，而且会使装订费用增加。

⑤ 不足3000册，按照3000册计算。

【例5-1】一本大32开的书，内文108面，采用128g/m² 的铜版纸，对开机印刷，计算内文的装订帖数。

【解析】把一个印张折成32开，需要折4次，但由于纸张太厚，排版时安排16面为一面。

帖数＝108÷16＝6（向下取整数）

余下12面，是0.375印张，2个装版印张，即2帖

内文的总帖数为8帖

【例5-2】某16开本图书的印张数为10.625，60g胶版纸印刷，求帖数。

【解析】整印张数也即帖数，而0.625印张折合成的书页是5页，出现了零页。这时，如果实在无法将书页数量减少1页，就只能加上1页空白页（1页折合0.125印张），使印张数进到10.75，0.75印张即为12面，2个装版印张，即2帖，所以总帖数＝10＋2＝12帖。

【例5-3】开本850mm×1168mm,1/32的图书,1页主书名页,1页主书名页的加页,前言2页,目录7页,出版说明1页,正文434面,回答下列问题。

问题一:如果书名页与正文采用相同纸张印刷,计算正文的印张数。
答:印张数=(2+2+4+14+2+434)÷32=14.3125
问题二:小数点后面的数值表示多少页数?多少面数?
答:0.3125×32=10(面)=5(页)
问题三:如果考虑装订的方便(印数不是太大的情况下),实际印张数应该是多少?
答:5页有零页,考虑装订的方便,增加1页,5+1=6(页)
6页即是0.375印张,2个装版印张,所以总帖数=14+2=16(帖)
表5-1为某地区骑马订工价表。

表5-1 某地区骑马订工价表

开数	8开	16开	32开	64开
工价/(元/帖)	0.04	0.042	0.045	0.06

说明:此工价中包含折页费、排书费、订联费用。

【例5-4】1500册正度16开的期刊,3个印张,封面为157g/m^{2}铜版纸,内文为60g书写纸,骑马订,求装订费。

【解析】3个印张,即是3帖,封皮为1帖,总计4帖,16开书的工价为0.042元,不足3000册按照3000计算。

装订费=(书心帖数+封面帖数+其他部件帖数)×单价×印数=4×0.042×3000=504(元)

【例5-5】某16开期刊,5个印张,全部四色印刷,书心用60g/m^{2}轻量涂布纸、对开四色印刷机印刷,封面展开为8开,用158g/m^{2}铜版纸印刷,封二、封三有广告,需要四色双面印刷,也采用对开四色印刷机,骑马订,共印10000册,其装订费为多少?

【解析】内文5个印张即5帖,封皮1帖,总计6帖,16开的工价为0.042元
装订费=(书心帖数+封面帖数+其他部件帖数)×单价×印数
=6帖×0.042元/帖×10000
=2520(元)

【技能训练1】一本正16开的书,内文80面,采用90g/m^{2}的双胶纸,封面采用210g/m^{2}的铜版纸,印刷5000册,骑马订,求装订费。

总帖数_____
装订工价_____
装订费_____

二、无线胶订的计价

用胶粘剂将书帖或书页粘合在一起制成书心。一般是把书帖配好页码,在书脊上锯成槽或铣毛打成单张,经撞齐后用胶粘剂将书帖粘牢固(图5-3)。

公式:
$$\text{无线胶装费}=(\text{上封面费用}+\text{折页费}+\text{排书费})×\text{装订本数} \quad (\text{式}5\text{-}2)$$
$$\text{折页费}=\text{帖数}×\text{单价}/\text{帖} \quad (\text{式}5\text{-}3)$$
$$\text{排书费}=\text{帖数}×\text{单价}/\text{帖} \quad (\text{式}5\text{-}4)$$

装订明细表可参见表5-2。

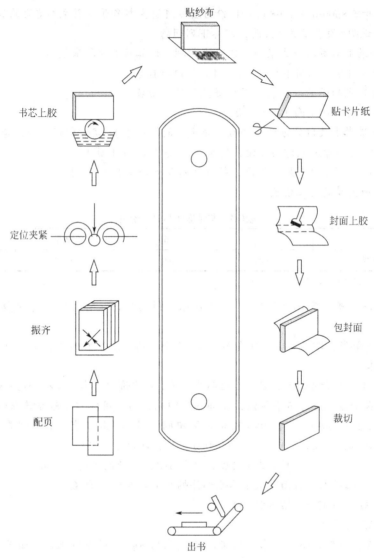

图5-3 平装书工序

表5-2 某地区装订明细表

项目	8开	16开	32开	64开
折页/(元/帖)	0.02	0.03	0.03	0.04
排书/(元/帖)	0.01	0.01	0.01	0.01
穿线/(元/帖)	0.05	0.04	0.03	0.02
上封面/(元/帖)	0.25	0.25	0.25	0.25

说明：

① 如果是轮转印刷，自带折页装置，需要减去折页费用。

② 不足3000册，按照3000册计算。

【例5-6】开本889mm×1194mm，1/16平装的图书，内文128面，100g/m² 铜版纸印刷，封面4面，印数为3000册，无线胶订，计算该图书的装订费。

【解析】装订印张数128÷16＝8，帖数为8帖，上封面0.25元

无线胶订装订费＝（上封面费＋折页费＋排书费）×印数
＝0.25×3000＋（0.03＋0.01）×8×3000
＝1710（元）

【例5-7】开本889mm×1194mm，1/16平装的图书，内文80面，80g/m² 铜版纸印刷，封面4面，轮转印刷，印数为3000册，无线胶订，计算该图书的装订费。

【解析】装订印张数80÷16＝5，贴数为5帖，上封面0.25元，轮转印刷要减去折页费。

无线胶订装订费＝（上封面费＋排书费）×印数
＝0.25×3000＋0.01×8×3000
＝990（元）

【技能训练2】一本正16开的书，内文172面，采用90g/m²的双胶纸，封面采用210g/m²的铜版纸，印刷5000册，无线胶订，求装订费。

总帖数_____
折页费_____
排书费_____
上封面费_____
装订费_____

三、锁线平装的计价

将配好的书帖，按照顺序用线一帖一帖地串联起来，叫做锁线平装。常用锁线机进行锁线订。锁线订有两种方式，如图5-4所示。锁线订可以订任何厚度的书，牢固、翻阅方便，但订书的速度较慢。

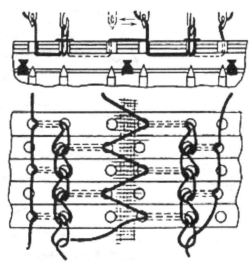

图5-4　锁线订

锁线平装费用计算公式为：

锁线平装费＝（上封面费＋折页费＋排书费＋穿线费）×印数　　　（式5-5）

其中，穿线费＝帖数×单价/帖，计价明细参考表5-2。

【例5-8】开本889mm×1194mm，1/16平装的图书，内文128面，100g/m²铜版纸印刷，封面

4面,印数为3000册,锁线订,假设计算该图书的装订费。

【解析】装订印张数128÷16=8,帖数为8帖,查表5-2,上封面0.25元,穿线费0.04元/帖,折页0.03元/帖,排书0.01元/帖,根据公式:

$$锁线平装费 = (上封面费+折页费+排书费+穿线费) \times 印数$$
$$= (0.25 + 0.03 \times 8 + 0.01 \times 8 + 0.04 \times 8) \times 3000$$
$$= 2670(元)$$

【技能训练3】一本正32开的书,内文272面,采用90g/m² 的双胶纸,封面采用210g/m² 的铜版纸,印刷5000册,锁线订,求装订费。

总帖数＿＿＿＿＿＿＿＿＿＿＿＿＿＿＿＿

折页费＿＿＿＿＿＿＿＿＿＿＿＿＿＿＿＿

排书费＿＿＿＿＿＿＿＿＿＿＿＿＿＿＿＿

穿线费＿＿＿＿＿＿＿＿＿＿＿＿＿＿＿＿

上封面费＿＿＿＿＿＿＿＿＿＿＿＿＿＿＿＿

装订费＿＿＿＿＿＿＿＿＿＿＿＿＿＿＿＿

四、精装订的计价

精装是指书籍的一种精致装订方法(图5-5)。一般以纸板作为书壳,经装饰加工后做成,其面层用料有布、纸、麻类、丝类织物、漆布、人造革等,也用塑料膜作套壳。精装书芯加工,一般包括上胶、压平、烘干、扒圆、起脊、贴纱布、粘堵头布和丝签等工序。书芯可以加工成圆背和方背。精装书背不同于平装书,有硬背装、腔背装和柔背装(图5-6)。精装的优点是加工精细、美观、大方,容易翻阅,便于长期保存。但因用料较贵,装订时,加工费用较高。

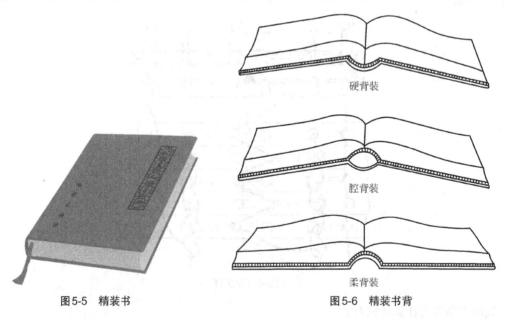

图5-5　精装书　　　　　　　图5-6　精装书背

精装费用的计算公式:

$$锁线精装费用 = (精装费用+折页费用+排书费用+穿线费用) \times 印数 \quad (式5-6)$$
$$无线精装费用 = (精装费用+折页费用+排书费用) \times 印数 \quad (式5-7)$$

精装费用包括精装封面加工费、精装上封费（表5-3）。

表5-3 精装全价 （单位：元/本）

页数	开本								
	32开			16开			64开		
	精装全价	书壳	书芯	精装全价	书壳	书芯	精装全价	书壳	书芯
80～200	2.20	1.2	1	3.50	1.8	1.7	1.8	1	0.8
201～350	2.70	1.4	1.3	3.90	1.9	2	2.4	1.1	1.3
351～500	3.70	1.5	2.2	4.50	2.1	2.4	3	1.3	1.7
601以上	5	1.8	3.2	6.30	2.3	4	4.5	1.6	2.9

说明：

① 工价中含花头、丝带、书脊纸、纱布、卡纸、棉纸等小料；板纸、漆布、漆纸、胶带纸及特殊用料，另计材料费。

② 100本为起点，不足100本按100本工价计算，100本以上按实际本数计算。

③ 不做书壳，纸封面按书心价加10%，布封面加20%，套塑料皮的书心按纸封面价计算，代装塑料皮每本加工费0.06元。

④ 页数计算，纸张克数折算等按平装书刊规定计算。

⑤ 封套每本加0.08元，大规格（850mm×1168mm）加价10%。

⑥ 精装产品：精细产品一律全封包，包装材料费另计。

【例5-9】开本889mm×1194mm，1/16的图书，锁线精装，内文128面，100g/m² 铜版纸印刷，精装封面，印数为3000册，计算该图书的装订费。

【解析】装订印张数128÷16＝8，帖数为8帖，查表5-3，精装封面1.8元，查表5-2，折页0.03元/帖，排书0.01元/帖，穿线费0.04元/帖，根据公式：

锁线精装费用＝（精装费用＋折页费用＋排书费用＋穿线费用）×印数
　　　　　　＝（1.8＋0.03×8＋0.01×8＋0.03×8）×3000
　　　　　　＝7080（元）

【例5-10】开本889mm×1194mm，1/16平装的图书，图书的净尺寸为210mm×285mm，书脊厚度为18mm，勒口为60mm，图书有前后环衬、1页主书名页和1页附书名页，正文（包括目录等）的总面数为128面，印数为3000册。前后环衬和书名页都采用120g/m² 铜版纸印刷，正文采用100g/m² 铜版纸印刷，封面采用150g/m² 铜版纸印刷，采用889mm×1194mm纸张开切，纸张的加放率都为3%，按帖数计算，如果装订每书帖的单价为0.03元，计算该图书的装订费。

【解析】（1）计算正文的印张数＝128÷16＝8

（2）书心帖数＝单册帖数×印数＝8×3000＝24000（帖）

（3）书名页帖数＝1×3000＝3000（帖）（书名页按1帖计）

（4）环衬帖数＝2×3000＝6000（帖）（前后环衬按2帖计）

（5）封面帖数＝2×3000＝6000（帖）（封面按2帖计）

（6）计算图书的装订费＝（24000＋3000＋6000＋6000）×0.03＝1170（元）

【技能训练4】一本正16开的书，内文160面，采用90g/m²的双胶纸，精装书心；封面采用210g/m²的铜版纸加封套，印刷5000册，锁线精装，求装订费。

精装书心单价_____

精装书心费_____

精装封皮单价_____

封套单价＿＿＿＿＿＿＿＿＿＿＿＿＿＿＿＿
精装封皮费＿＿＿＿＿＿＿＿＿＿＿＿＿＿＿＿
总装订费＿＿＿＿＿＿＿＿＿＿＿＿＿＿＿＿＿

五、装订费用的估算

报价时，需要根据客户的需求，快速地估算出各个工艺的价钱。装订费用的估算公式如下：
（1）骑马订产品的估价
每印张加工费＝三印张单价（元）/3＋打捆每令单价（元）/1000
每册加工费＝每印张加工费×印张数
（2）胶订产品的估价
每印张加工费＝三印张单价（元）/3＋胶的差价（元）/1000＋打包每包单价（元）/（每包本数×每本印张数）
每册加工费＝每印张加工费×印张数＝［（三印张单价（元）/3＋胶的差价（元）/1000＋打包每包单价（元）/（每包本数×每本印张数）］×印张数
（3）铁丝平订产品的估价
每印张加工费＝三印张单价（元）/3＋打包每包单价（元）/（每包本数×每本印张数）
每册加工费＝每印张加工费×印张数＝［（三印张单价（元）/3＋打包每包单价（元）/（每包本数×每本印张数）］×印张数
（4）锁线平订产品的估价
每印张加工费＝三印张单价（元）/3＋沙卡单价（元）/1000＋打包每包单价（元）/（每包本数×每本印张数）
每册加工费＝每印张加工费×印张数＝［三印张单价（元）/3＋沙卡单价（元）/1000＋打包每包单价（元）/（每包本数×每本印张数）］×印张数
（5）假精装产品的报价
每印张加工费＝三印张单价（元）/3＋包封卡价格/印张数/1000＋折前口单价/印张数/1000＋打包每包单价（元）/（每包本数×每本印张数）
每册加工费＝每印张加工费×印张数＋包里封单价/1000＋折前口单价/1000＝［三印张单价（元）/3＋打包每包单价（元）/（每包本数×每本印张数）］×印张数＋包里封单价/1000＋折前口单价/1000
（6）精装产品的报价
每册书心加工费＝［三印张单价（元）/3＋沙卡单价（元）/1000］×印张数＋［三印张单价（元）/3×（1＋纸质加成系数）＋沙卡单价（元/）1000］×印张数
每册制壳费＝单价（元）×加成系数
每册加工费＝每印张加工费×印张数

项目二　其他工艺的计价

印后加工包括很多工艺，比如打号码、啤、粘、压纹、过塑、压线，都会产生相应的价格。

任务一 熟悉打码计价

1. 打号码价格

0.07元/个号码计,起版150元。

2. 打号码及针(车)线孔价格

① 6000个号码以下:每个大4开排4个号码以上,150元/批。
② 6000～15000个码:每个大4开排4个码以上,220元/批。
③ 15000～100万个码:每个大4开排4个码以上,360元/批。
④ 100万个号码以上:每个大4开排8个码以上,480元/批。

任务二 熟悉啤、粘计价

其计价参见表5-4～表5-8。

表5-4 6开封套啤、粘工价

单位	工价
3000个	0.17元/个
5000个	0.16元/个
10000个	0.15元/个

表5-5 4开封套啤、粘工价

单位	工价
3000个	0.18元/个
5000个	0.17元/个
10000个	0.16元/个

表5-6 普通圆角挂旗啤费

单位	开数	
	16开	8开
3000份	250元	300元
5000份	300元	350元
10000份	550元	550元

表5-7 普通包装盒啤费、粘费

单位	4开	3开/对开
3000份	300元	350元
5000份	450元	500元
10000份	550元	750元

表5-8 手袋加工费

手袋加工费（含啤、粘、尼龙绳、穿绳）			
单位	8开	4开	对开
3000份	0.45元	0.50元	0.55元
5000份	0.43元	0.45元	0.53元
10000份	0.40元	0.43元	0.50元
20000份	0.40元	0.43元	0.48元

说明：打鸡眼每孔加收0.05元，穿棉绳加收0.12元/个，两边粘加收0.12元/个。手袋含手工刀模费，电及刀模另收费。这里打孔是指按设计要求，选不同直径、形状的模具，在承印物上冲压出孔洞。

粘口工价：

5cm以内粘口0.03元/个，1万份以上按0.02元/个。

6～10cm粘口按0.04元/个，10万份以上按0.03元/个。

11～18cm粘口按0.05元/个，10万份以上按0.04元/个。

19～25cm内粘口按0.06元/个，10万份以上按0.05元/个。

25～30cm粘口按0.065元/个，10万份以上按0.05元/个。

任务三　熟悉压线计价

压线计价参见表5-9。

表5-9 压线工价

单位	8开	4开
3000份	200元	250元
5000份	250元	300元
10000份	400元	450元

说明：对开压线按啤费计算。

任务四　熟悉压纹计价

压纹计价参见表5-10。

表5-10 压纹工价

压纹（起价300元）				
单位	8开	4开	3开	对开
3000份	0.14	0.15	0.17	0.18
5000份	0.13	0.14	0.15	0.17
10000份	0.11	0.12	0.13	0.14

这里的压纹主要是应用于画册的封面、请柬等，要求纸张在200g/m^{2}以上，目前最常用的有条状纹、布纹、皮纹等。压纹可以增加印刷品的立体。

任务五　熟悉绕（腰）扎、胶头计价

绕（腰）扎、胶头计价参见表5-11。

表5-11　绕（腰）扎、胶头价格

项目开度	单位	4～16开	16～32开	32开以下
100绕（腰）扎	百扎	30元	20元	15元
500绕（腰）扎	万页	25元	15元	10元
100页胶头	百本	30元	25元	20元
50页胶头	百本	25元	20元	15元

 任务六　熟悉包装盒对裱（卡纸对裱）计价

裱工0.75元/m²，另加啤0.15元/张，啤版另计。
裱E坑180g挂面：2.50元/m²（包啤、粘）。
裱白E坑180g挂面：2.85元/m²（包啤、粘）。
裱KT版：2.30元/m²；啤工：0.23元/m²，啤版另计。

 任务七　熟悉纸箱和包装纸精切工包扎计价

1.纸箱

每个按10元收费（含市内运费），纸箱用量较大，可按原纸箱或本加收10%费用，特殊纸箱参照相近纸大小成本加收10%费用。

2.用包装纸包（含市内送货）

60～105g纸每令8元；128～200g每令10元；200g以上每令12元。

3.净切工

①凡64开以下（含64开）每令净切工分别为30元、50元、100元、200元；②凡8开以下（含8开）每令净切分别为5元、10元、15元、20元；③其他开本切工可参照相近开数单价收费；④凡切不干胶，照上列价格加100%。

其他工艺工价参见表5-12、表5-13。

表5-12　其他工艺工价（1）　　　　　　　　　　　　　　　（单位：元）

磨光（起版价350元）			
开数	4开	3开	对开
过油	0.10	0.12	0.13
过油磨光	0.13	0.15	0.17

表5-13 其他工艺工价（2） （单位：元）

开数	哑胶	光胶
大对开	0.40	0.32
正对开	0.38	0.30
大3开	0.28	0.22
正3开	0.26	0.21
大4开	0.26	0.19
正4开	0.24	0.17
大6开	0.20	0.16
正6开	0.20	0.16
大8开	0.16	0.14
正8开	0.15	0.14
大12开	0.14	0.12
正12开	0.14	0.12
大16开	0.11	0.10
正16开	0.11	0.10

课后习题

1. 有一客户要印一本正16开的书，12个印张，内文用60g/m² 双胶纸，封皮用157g/m² 铜版纸，无线胶订，平版胶印，印刷5000册。试求装订费。

2. 有客户印刷大度16开书刊，内文10个印张，60g/m² 双胶纸，轮转印刷，封面双面四色，锁线订，印刷30000册，试求装订费。

3. 16开书籍，内文128面，60g/m² 的双胶纸，平版印刷，封面4面，210g/m² 铜版纸，印刷1000册，骑马订，试求装订费。

4. 16开书籍，内文128面，60g/m² 的双胶纸，封面4面，210g/m² 铜版纸，轮转印刷，印刷5000册，骑马订，试求装订费。

5. 32开书籍，内文256面，60g/m² 的双胶纸，封面4面，210g/m² 铜版纸，封面精装，印刷5000册，无线精装订，试求装订费。

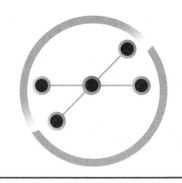

模块六 包装印刷品印后工序计价

表面整饰是指在已完成的印刷品表面进行上光等再加工。目的是提高印刷品表面耐光、耐水、耐折等性能，提高表面光泽度，起到美化和保护印刷品的作用；也有些表面整饰工艺是为了使印刷品具备某种特定功能，如邮票可撕断、单据可复写等。常见的表面装饰工艺有覆膜、上光、烫金、压凸凹、模切，等等。

项目一 覆膜工艺的计价

任务一 熟悉工艺流程

将胶黏剂涂在经电晕处理的透明塑料薄膜表面，与印刷品经过热压复合，形成纸塑复合印刷品的加工技术就叫覆膜，又称印后过塑、印后裱胶或印后贴膜。作为保护和装饰印刷品表面的一种工艺方式，覆膜在印后加工中占很大的份额，随便走进一个书店，你就会发现，大多数图书都采用这种方式。这是因为经过覆膜的印刷品，表面会更加平滑、光亮、耐污、耐水、耐磨，书刊封面的色彩更加鲜艳夺目、不易被损坏，印刷品的耐磨性、耐折性、抗拉性和耐湿性都得到了很大程度的加强，保护了各类印刷品的外观效果，提高了使用寿命。

任务二 掌握计算方法

根据薄膜材料的不同，膜分为亮光膜、亚光膜两种。薄膜价格按平方计算，亮光膜一般为 1.0 元/m^2，光膜比较亮，但是容易产生露楞等问题，也容易划伤；在国内外塑料化学行业不断发展的今天，用特殊工艺生产的亚光膜材料的推出，将覆膜产品推上一个新的层次，用亚光膜复合出的产品，没有光的漫反射，视觉柔和，触摸时平滑光润，提高了产品的使用价值和艺术价值，因此，亚光膜的价格也要高一些，大约为 1.2 元/m²。

覆膜的价格计算方法为：覆膜费＝数量×单价　　　　　　　　　　（式6-1）

在实际生产中，在计算单价时通常把一个正度全开看做一个平方米，某印刷厂报价如表6-1所示。

表6-1　某印刷厂覆膜价格

项目	单位	全开	对开	3开	4开	5开	6开	7开	8开	9开	10开	12开	16开	32开
亮光膜	元	1.0	0.5	0.3	0.25	0.2	0.18	0.15	0.13	0.1	0.1	0.1	0.1	0.1
亚光膜	元	1.2	0.6	0.4	0.3	0.24	0.2	0.16	0.15	0.12	0.1	0.1	0.1	0.1

说明：
① 按纸张实际开度计，不足1000张按1000张计，超过1000张按实际计。
② 纸张覆膜材料由工厂负责，如覆膜材料由委印单位负责，工价另议。
③ 表6-1以787mm规则纸为基价，如用850mm及以上规则纸加20%。
④ 双面覆膜者除双面计外，另加10%。
⑤ 哑胶加30%。

【例6-1】10000本12P画册，大度16开，封面200g/m²铜版纸，覆亮光膜，内页157g/m²铜版纸，骑马订。试根据上表计算覆膜价格。

【解析】大度16开的书刊，封皮展开后为大度8开，查表6-1，8开亮光膜0.13元/张。

覆膜费＝数量×单价＝10000×0.13＝1300（元）

【例6-2】印刷300个手提袋，大度对开，封面300g铜版纸，覆亚光膜，试根据上表计算覆膜价格。

【解析】查上表，大度对开亚光膜0.6元/张，不足1000个按照1000个计算。

覆膜费＝数量×单价＝1000×0.6＝600（元）

【技能训练1】印刷800个包装盒，展开为大度四开，200g/m²白卡纸，覆亚光膜，试根据表6-1计算覆膜价格。

单价　＿＿＿＿＿＿＿＿＿＿＿＿＿＿＿＿

数量　＿＿＿＿＿＿＿＿＿＿＿＿＿＿＿＿

覆膜费　＿＿＿＿＿＿＿＿＿＿＿＿＿＿＿＿

项目二　上光工艺的计价

任务一　熟悉工艺流程

上光是均匀地在印品表面涂布一层无色透明涂料（也称上光油），经热风干燥、冷风冷却或压光后，在印品表面形成薄而均匀的透明光亮层。上光时，涂在纸面上的涂料薄层具有较高的透明性和平滑度；经过上光的纸包装印刷品，不仅其表面平滑度有所增加，而且还能够保护包装上的印刷图文，起到美化、保护、延长纸包装印刷品使用寿命的作用；也为后道加工工序

（如模切或糊盒）创造良好的条件，所以上光工艺在印后加工中应用极为广泛。

上光工艺简单、价格低廉、易于操作，且可以根据实际需要，进行满版上光或局部上光，因此在印刷企业中备受欢迎。最初的上光油为溶剂型，这种上光油上光功效不佳，且不利于环保，水性上光与UV上光的研发解决这一问题。从目前的市场状况来看，水性上光与UV上光终将取代溶剂上光的趋势已不可逆转。尽管如此，中国与西方国家积极倡导的环保氛围还有一定差距。以美国为例，美国环保署（EPA）提出了对油墨、涂料类产品中有机挥发物含量的限制，这种限制会随着时间的推移越来越严格。目前在美国，溶剂型上光的市场占有率已从80%降至15%以下。

任务二 掌握计算方法

上光工艺有普通上光、UV上光、压光，工艺不同，上光方式也不同。普通上光可以用印刷机按照单色直接印刷上光，也可以用上光机直接上光；UV上光可以用专用UV上光机上光，也可以用丝网方式上光，再用紫外线固化；压光是在普通上光或者UV上光的基础上，再次经过压光机热帖压的工艺。

UV上光可以增强墨层的耐光、耐脏、耐磨性能，增加墨层防热、防潮的能力，起到保护印迹、美化装饰产品的作用，是目前颇为流行的印刷品表面装饰艺术加工方式。UV经常有小面积局部过UV。如按平方厘米计算价格加工费太低，所以有一个起版价。

上光形式有局部上光、全幅上光、消光上光及艺术上光，局部上光又分为局部七彩、局部皱纹、局部磨砂、局部亮光，等等。

在计算上光费时由于上光方式多样，上光设备多变，所以计算时应灵活善变，分析好工艺、设备及方法。如采用单色机直接印刷的按照单色印刷费计算；局部上光可以按照面积计算也可按张数计算；压光通常按照张数计算。

一、机印UV全幅上光价格计算

$$上光费 = 上光面积 \times 单价 \times 数量 \qquad (式6-2)$$

机印UV上光报价如表6-2所示。

表6-2 机印UV上光报价

加工方式	单价
全面UV（≥210g）	0.65元/m²
全面UV（＜210g）	0.75元/m²
局部UV	0.90元/m²

说明：
① 总数不足1000张按1000张计价。
② 计价时，一张正度全开计作一个平方米，大于正度的纸张加价20%。

二、局部丝印UV上光公式

$$上光费 = 单价 \times 印数 + 版费 \qquad (式6-3)$$

局布丝印UV上光报价如表6-3所示。

表6-3 印刷品局部丝印UV上光报价

开数	局部图纹UV加厚上光/（元/张）	版费/元
对开	0.20	400
三开	0.17	300
四开	0.15	200
六开	0.12	150
八开	0.10	100

说明：
① 以上价格为每张起点价。
② 若是局部七彩、局部皱纹、局部磨砂或局部亮光，价格加价30%。
③ 凡双面上光按两倍计。

【例6-3】药厂委托某印刷厂印刷一批药品纸盒，展开尺寸为230mm×200mm，印刷数量为10万个，印刷内容主要是文字、专色实地及网目调图像，3色印刷，机印UV上光，糊盒成型，纸张选用300g/m²白卡纸，求上光费。

【解析】纸张选用300g/m²白卡纸，单价为0.65元/m²，把一张全开计作一个平方米，展开尺寸为230mm×200mm，即是正度12开，纸盒的面积为1/12 m²。

上光费＝上光面积×单价×数量
　　　＝1/12×0.65×100000
　　　≈5417（元）

【例6-4】印刷厂印刷一批食品纸盒，展开尺寸为230mm×200mm，印刷数量为10万个，印刷内容主要是文字、专色实地及网目调图像，4色印刷，用对开机印刷，丝印局部UV加厚上光，糊盒成型，纸张选用300g/m²白卡纸，求上光费。

【解析】展开尺寸为230mm×200mm，即是正度12开，用对开机印刷，联数为3，印数为100000÷3＝33334，对开单价0.35元/张，版费400元。

上光费＝单价×印数＋版费
　　　＝0.2×33334＋400
　　　＝7668（元）

【技能训练2】印刷厂印刷一批手提袋，展开尺寸为对开，印刷数量为1万个，印刷内容主要是文字、专色实地及网目调图像，4色印刷，用对开机印刷，丝印局部磨砂上光，纸张选用200g/m²白卡纸，求上光费。

单价_____
印数_____
版费_____
上光费_____

项目三 烫金工艺的计价

烫金是借助一定压力，运用装在烫印机上的模版，使印刷品和烫印箔在短时间内压合，将金属箔或颜料箔烫印到纸类、塑料印刷品或其他承印物表面的工艺，也称烫印工艺，俗称烫箔、烫金。这是一种表面整饰加工工艺，被广泛应用于高档、精致的印刷品上，目的是提高产品包装的整饰效果，使产品看上去绚丽夺目、辉煌华贵，提高产品的附加值，并更有效地进行防伪。其使用范围正在越来越广泛，形式越来越多样。烫印一直是印后加工的关键环节，我国包装产品大多采用这一工艺。

任务一　熟悉工艺流程

烫印工艺有多种分类方式，常见的分类方法主要有以下几种。
① 根据烫印版是否加热，可分为热烫印和冷烫印两种；
② 根据烫印材料的类型，可分为全息烫印和非全息烫印；
③ 根据烫印后的图文形状，可分为凹凸烫印和平面烫印；
④ 根据烫印材料在印刷面上是否需要套准，分为定位烫印和非定位烫印；
⑤ 根据烫印工位与印刷机是否连线，分为连线烫印和不连线烫印。

普通烫印是指借助压力，利用温度对烫印版加热，来实现非全息类箔材平面烫印的工艺。它也被称为热烫，是最常见的烫印方式。普通烫印工艺有平压平烫印和圆压平烫印。由于圆压平烫印线与面接触，具有烫印基材广泛，适于大面积烫印、烫印精度高等特点，应用比较广泛。而冷烫印是不用加热金属印版，而是利用涂布粘合剂来实现金属箔转移的方法。冷烫印工艺成本低，节省能源，生产效率高，是一种很有发展前途的新工艺。

常用的烫印工艺主要有普通烫印、冷烫印、凹凸烫印和全息烫印等方式。

任务二　掌握计算方法

烫金的价格计算方法按照平方厘米来计算，其计算公式为：

$$烫金（银）费 = 烫金（银）面积 \times 单价 \times 数量 + 烫金版费 \quad (式6\text{-}4)$$

$$烫金版费 = 烫金版面积 \times 单价 \quad (式6\text{-}5)$$

烫金版通常用铜或者锌作为烫金版材，单价为 2 元 /cm²。

烫金单价因面积大小不同价格各异，可参见表6-4。

表6-4　某地区烫金单价

面积/cm²	5以下	5～10	10～20	20～30	30～40	40～50	50以上
单价（元）	0.005	0.008	0.01	0.015	0.02	0.03	0.05

说明：
① 若是全息烫金，在此工价上加价50%。
② 若是凹凸烫印，在此工价上加价100%。
③ 对于烫印难度较大者，比如图文较精细，可以加价30%。
④ 烫金数量在1000张以下，烫金面积在30cm²以下的，只收起版价200元。

【例6-5】对一书刊封面进行烫金，采用普通烫印法，烫印面积为25cm²，2000册，求烫金费。

【解析】烫金面积25cm^2，单价为0.015元，烫金版的单价为2元/cm^2。

烫金（银）费＝烫金（银）面积×单价×数量＋烫金版费
　　　　　＝25×0.015×2000＋2×25
　　　　　＝800（元）

【例6-6】对一香烟包装盒进行烫金，采用全息烫印法，烫印面积为8cm^2，10000个，求烫金费。

【解析】烫金面积8cm^2，单价为0.008元，由于是全息烫印，加价50%，烫金版的单价为2元/cm^2。

烫金（银）费＝烫金（银）面积×单价×数量＋烫金版费
　　　　　＝8×0.008×（1＋50%）×10000＋2×8
　　　　　＝976（元）

【技能训练3】对一月饼包装盒进行烫金，烫金面积为30cm^2，采用凹凸烫印，数量为20000个，求烫金费。

烫金单价＿＿＿＿＿＿＿＿＿＿＿＿＿＿＿＿＿＿
烫印费＿＿＿＿＿＿＿＿＿＿＿＿＿＿＿＿＿＿＿
烫金版费＿＿＿＿＿＿＿＿＿＿＿＿＿＿＿＿＿＿
烫金费＿＿＿＿＿＿＿＿＿＿＿＿＿＿＿＿＿＿＿

项目四　凹凸压印工艺的计价

任务一　熟悉工艺流程

凹凸压印工艺是印刷品表面装饰加工中一种特殊的加工技术，它使用凹凸模具，在一定的压力作用下，使印刷品基材发生塑性变形，从而对印刷品表面进行艺术加工。压印的各种凸状图文和花纹，显示出深浅不同的纹样，具有明显的浮雕感，增强了印刷品的立体感和艺术感染力。

压凸凹工艺简单，先是原稿准备，其次制作凹凸版，再是装版，最后压印即可。

任务二　掌握计算方法

凹凸压印需要两块印版，一块凸版，通常用石膏材料，也可以是高分子塑料材料；一块凹版，通常用锌板、铜版或钢版。所以压凸凹的费用包括两部分，一是压印费用，二是版材的费用。

压凹凸费用的计算方法为：

$$压凹凸费用＝数量×单价＋2×压印版费 \qquad (式6-6)$$

压凸凹的单价参见表6-5。

表6-5　某地区压凸凹单价

面积/cm²	5以下	5～10	10～20	20～30	30～40	40～50	50以上
单价/（元/次）	0.003	0.005	0.006	0.008	0.01	0.012	0.02

说明：
① 经计算，压凸凹费用200元以下的，按照起步价200元计算。
② 压印版材单价2元/cm²。
③ 压印版需要两块，所以压印版费＝2×单价×面积。
④ 压凸凹要注意纸张的厚度，200g/m²以下的纸张不适宜起凸。
⑤ 对于压凸凹难度较大者，比如图文较精细或者面积加大者，加价50%。

【例6-7】对一书刊封面的文字进行起凸，压凸凹面积为15cm²，20000册，求压凸凹费。

【解析】压凸凹面积15cm²，单价为0.006元，压印版的单价为2元/cm²。

$$压凹凸费用 = 数量 \times 单价 + 2 \times 压印版费$$
$$= 20000 \times 0.006 + 2 \times 15 \times 2$$
$$= 180 < 200（元）$$

所以压凸凹费为200元。

【例6-8】对食品包装盒进行起凸，压凸凹面积为40cm²，20000个，求压凸凹费。

【解析】压凸凹面积40cm²，单价为0.01元，压印版的单价为2元/cm²。

$$压凹凸费用 = 数量 \times 单价 + 2 \times 压印版费$$
$$= 20000 \times 0.01 + 2 \times 15 \times 2$$
$$= 260（元）$$

所以压凸凹费为260元。

【技能训练4】对食品包装盒进行起凸，压凸凹面积为28cm²，难度较大，图文较精细，50000个，求压凸凹费。

压凸凹单价＿＿＿＿＿＿＿＿＿＿＿＿
版材单价＿＿＿＿＿＿＿＿＿＿＿＿
压印版费＿＿＿＿＿＿＿＿＿＿＿＿
压凸凹费＿＿＿＿＿＿＿＿＿＿＿＿

项目五　模切压痕工艺的计价

任务一　熟悉工艺流程

模压工序是印后加工中很重要的工艺。模压技术是按模型压痕和按模版压切两种加工技术的统称。目前，采用模压加工工艺的产品主要是各类纸容器。纸容器主要是指纸盒和纸箱（均由纸板经折叠、接合而成）。随着人们对印品制作的要求越来越高，模压水平也必然要随之提高。作为表面整饰加工中的重要工序，模切工艺是影响美观程度的必要加工手段。在印刷品的设计中，合理地选用镂空、透叠和异形，在很大程度上能增加设计的趣味性，选用考究的模切工艺，能给读者留下深刻的印象。设计大方、线条清晰、顺畅、不炸线、不爆色、不起毛和没有纸尘的模压会使设计更加实用，品质更加高雅。

模切压痕工艺根据机器的自动化程度分为半自动模切和全自动模切。工艺流程为：上版→调压力→确定规矩→粘海绵条→试压模切→正式模切→清废料→成品检查。

任务二　掌握计算方法

模切压痕需要根据印刷品的设计形状做出模切版，模切版通常用木质的，上面排好钢刀和钢线。所以模切压痕费用包括压印费和模切版费。

模切压痕工费计算公式如下：

$$模切压痕工费 = 数量 \times 工价 + 模切版费 \qquad (式6\text{-}7)$$

模切压痕工价见表6-6。

表6-6　某地区模切压痕工价

开数	8开以下	8开至4开	4开至2开	1开
工价／（元/张）	0.03	0.04	0.05	0.06

说明：

① 2000张以下的，按照起步价120元计算，另外加模切板费，超过2000张的按照公式计算。

② 压印版材单价0.05元/cm²，把一个全开看作一个平方米。

③ 压印版如果是高密度塑质材料或钢版的，加价100%。

④ 对于排版难度较大者，钢刀和钢线密度较大的，可以加价50%。

【例6-9】某药厂委托某印刷厂印刷一批纸盒，正品为正度24开，印刷数量为10万个，用对开机印刷，纸张选用300g/m²白卡纸，求模压工费。若印刷数量1万个，求模切费。

【解析】（1）正品为正度24开，用对开机印刷，所以联数为12个，印数为100000÷12＝8334，对开单价为0.06元/张；压印版材单价0.05元/cm²，对开压印版面积为0.5×10000＝5000cm²。

模切压痕工费＝印品数量×工价＋模切版费
　　　　　　＝8334×0.06＋5000×0.05
　　　　　　＝750（元）

（2）印数10000÷12＝834＜2000

模切压痕工费＝120＋模切版费＝120＋5000×0.05＝370（元）

【技能训练5】某单位委托某印刷厂印刷一批手提袋，展开为正度4开，印刷数量为5万个，用四开机印刷，纸张选用220g/m²白卡纸。求模压工费。

模切数量＿＿＿＿＿＿＿＿＿＿＿＿＿＿＿＿＿＿＿＿＿＿＿＿

模切工价＿＿＿＿＿＿＿＿＿＿＿＿＿＿＿＿＿＿＿＿＿＿＿＿

模切版面积＿＿＿＿＿＿＿＿＿＿＿＿＿＿＿＿＿＿＿＿＿＿

模切版费＿＿＿＿＿＿＿＿＿＿＿＿＿＿＿＿＿＿＿＿＿＿＿＿

模切费＿＿＿＿＿＿＿＿＿＿＿＿＿＿＿＿＿＿＿＿＿＿＿＿＿

项目六　糊盒及糊封计价

任务一　熟悉工艺流程

糊盒是将纸盒的侧边或纸盒的底部或纸盒的四（六）个角在粘合剂（胶水）的作用下粘合在一起，使纸盒能够成型。

糊盒可以手工糊盒或者机器自动糊盒。

1. 操作准备

（1）接到施工单落实半成品。
（2）正确、整齐地堆装好半成品。
（3）慢车试机看皮带及其他各部件运转是否正常。
（4）根据纸张阔窄调节好胶水的用量。

2. 操作过程

（1）根据产品要求做好装版工作。
（2）发现压痕线有问题即停机和有关部门联系。
（3）慢车转动看到跑料是否正常，待正常后方能加速。
（4）如遇锁底的盒子，必须正确装上锁底钩子。
（5）根据产品结构调节盒子成型压力。
（6）其他参照《后道加工技术要求》。

任务二　掌握计算方法

公式：糊盒费＝数量×单价　　　　　　　　　　（式6-8）

糊盒加工单价见表6-7。

表6-7　糊盒加工单价　　　　　　　　　　（单位：元）

工序	糊一道口	糊一道口自封底点浆糊	倒口
2～3开	0.035	0.08	0.01
4～7开	0.035	0.07	0.008
8～18开	0.02	0.045	0.006
19～32开	0.015	0.035	0.004
33～64开	0.011	0.025	0.002
64开	0.008	0.016	0.001

糊封加工价格见表6-8。

表6-8 糊封加工价格　　　　　　　　　　　　　　　　　（单位：元）

印刷品种	信封					手提袋	档案袋
	2号	5号	6号	7号	9号		
单价	0.01	0.01	0.01	0.015	0.025	0.4	0.25

【例6-10】某药厂委托某印刷厂印刷一批纸盒，正品为正度24开，印刷数量为10万个，糊一道口自封底点浆糊，用对开机印刷，纸张选用$300g/m^2$白卡纸。求糊盒费。

【解析】糊盒费＝数量×单价＝100000×0.035＝3500（元）

【技能训练6】某单位委托某印刷厂印刷一批手提袋，展开为正度4开，印刷数量为5万个，用四开机印刷，糊一道口自封底点浆糊，纸张选用$220g/m^2$白卡纸。求糊封费。

单价 _____

糊封费 _____

课后习题

1. 5000张四开印刷结束的半成品需覆亮膜，需要多少钱？如果改为覆亚膜呢？

2. 5000张四开印刷、覆膜结束的半成品，需模压成型，求模压工费。

3. 2500册的精装书，内文用$70g/m^2$胶版纸印刷。书壳用2mm厚的纸板，封面上烫金面积为$12cm^2$，求烫金费用。

4. 4000张4开印刷结束的半成品，分别有一处$25cm^2$要起凸和一处$40cm^2$要烫金，需要的加工费各多少元？

5. 印刷手提袋1000个，展开为大对开，需要模切压痕和糊封，求其印后价格费。

6. 糊封9号信封20000个，7号信封25000个，求糊封费。

模块七 Unit 07

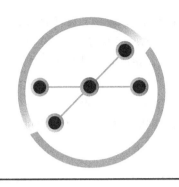

综合实训

项目一　印刷品的总费用

通过前几章的学习，印刷品的成本主要包括制版费、纸款、印刷费、印后加工费四大部分。但是我们在给客户报价时仅仅会算这些还不行，印刷品的总费用除了成本之外，还包括税率、送货费、利润以及一些隐形费用，例如洽谈业务时产生的差旅费，要求提前交货时产生的加急费等，在给客户报价时应一并考虑进去。

税率是指总货款产生的税率，开具的普通发票和增值税发票税率不同，这一点应牢记。送货费通常本市区内可免费送货，外地客户要发货运或者空运时需让客户承担费用。加急费也是根据当时的情况，在客户能接受的情况下适当加价。利润是根据客户的情况或者业务量的大小或者印刷品的制作难易程度定夺的，由于印刷行业竞争激烈，纯利润部分并不高，一般不会高于成本的30%。

项目二　单张纸类印刷品总费用的计算

任务一　精通单页、折页、海报类总费用的计算

单张纸类印刷品是指展开后为单张平版纸的印刷品，例如折页类（二折页、三折页、四折页）、海报、条幅、贺卡、书刊书面等。在计算这类印刷品时要注意展开后的印刷品的最大尺寸，并在四周加3mm的出血。此外，还应确定拼版方式、印刷机的开幅，这些因素都将影响印刷的成本。

【例7-1】 印刷单页5000份，用157g/m²铜版纸，大度16开，需设计，双面四色，用四开四色机印刷，拼成自翻版，纸张吨价7000元，问共需多少元？（上机印数小于或等于3000印时，每块版加50张，上机印数大于3000印时，按照10‰计算）

【解析】

制版费＝设计费＋菲林费＝2×140＋1×110＝390（元）

上机印数＝印数÷联数×面数＝5000÷4×2＝2500＜3000

印版数＝4

用纸量＝实际用纸量＋加放量
　　　　＝5000÷16＋50×4÷4＝363（张）

单张纸价格＝T×M÷（N×500）＝7000×157÷（1884×500）＝1.17（元/张）

纸款＝用纸量×单张纸价格＝363×1.17＝425（元）

印刷费＝开机费＝400（元）

总费用＝390＋425＋400＝1215（元）

【例7-2】 印刷三折页20000份，用200g/m²铜版纸，展开为正度16开，需设计，双面四色，用对开四色机印刷，拼成自翻版，纸张吨价7000元，问共需多少元？（上机印数小于或等于3000印时，每块版加50张，上机印数大于3000印时，按照10‰计算，折页费为0.01元/折）

【解析】

制版费＝设计费＋菲林费＝2×140＋1×220＝500（元）

上机印数＝印数÷联数×面数＝20000÷8×2＝5000＞3000

印版数＝4

用纸量＝实际用纸量＋加放量
　　　　＝20000÷16＋5000×10‰×4÷2＝1350（张）

单张纸价格＝T×M÷（N×500）＝7000×200÷（2328×500）＝1.2（元/张）

纸款＝用纸量×单张纸价格＝1325×1.2＝1590（元）

印刷费＝印工费＋印版费＝5×25×4＋4×80＝820（元）

印后加工费＝折页费＝20000×0.01×2＝400（元）

总费用＝500＋1590＋820＋400＝3310（元）

【例7-3】 印刷海报10000份，用250g/m²铜版纸，展开为大度对开，需设计，单面四色，用对开四色机印刷，纸张吨价7000元，CTP制版，问共需多少元？（上机印数小于或等于3000印时，每块版加50张，上机印数大于3000印时，按照10‰计算）

【解析】

制版费＝设计费＝1×600＝600（元）

上机印数＝印数÷联数×面数＝10000÷1×1＝10000＞3000

印版数＝4

用纸量＝实际用纸量＋加放量
　　　　＝10000÷2＋10000×10‰×4÷2＝5200（张）

单张纸价格＝T×M÷（N×500）＝7000×250÷（1884×500）≈1.86（元/张）

纸款＝用纸量×单张纸价格＝5200×1.86＝9672（元）

印刷费＝印工费＋印版费＝10×25×（1＋50%＋20%）×4＋4×100×（1＋20%）＝2180（元）

总费用＝600＋9672＋2180＝12452（元）

【技能训练1】印刷海报10000份，用250g/m²铜版纸，展开为正度四开，需设计，CTP制版，双面四色，拼自翻版，用对开四色机印刷，纸张吨价7000元，问共需多少元？（上机印数小于或等于3000印时，每块版加50张，上机印数大于3000印时，按照10‰计算）

设计费_____
实际用纸量_____
上机印数_____
加放量_____
纸张单价_____
纸款_____
印版数_____
印刷费_____
总费用_____

任务二　掌握包装、装潢类总费用的计算

包装、装潢类印刷品是指食品、药品包装盒或包装箱。此类印刷品最大的特点就是制作复杂、印刷工艺多样、印后工艺多变、印刷材料灵活。所以在计算此类印刷品的总费用时，先认真分析材料和工艺环节，再精确计算。

【例7-4】印刷肥皂包装盒10000个，用200g/m²白卡纸，展开为大度24开，需设计，单面四色，用对开四色机印刷，纸张吨价6500元，需要全幅机印UV上光，模切、糊封成型，问共需多少元？（上机印数小于或等于3000印时，印刷加放量每块版加50张，印后加放量每工序加20张，上机印数大于3000印时，印刷加放量按照10‰计算，印后加放量按照12‰计算。糊封0.1元/个）

【解析】
制版费＝设计费＝1×120＋1×220＝340（元）
上机印数＝印数÷联数×面数＝10000÷12×1＝834＜3000
印版数＝4
用纸量＝实际用纸量＋加放量
　　　＝10000÷24＋50×4÷2＋20×3÷2＝547（张）
单张纸价格＝T×M÷（N×500）＝6500×200÷（1884×500）＝1.38（元/张）
纸款＝用纸量×单张纸价格＝547×1.38＝755（元）
印刷费＝开机费＝800（元）
印后加工费＝上光费＋模切费＋糊封费
　　　＝0.75×1/24×10000＋120＋1/2×10000×0.05＋10000×0.1＝1682.5（元）
总费用＝340＋755＋800＋1682.5＝3577.5（元）

【例7-5】印刷月饼包装盒20000个，用200g/m²白卡纸，展开为大度8开，需设计，外表面一处印金色，油墨占纸张面积20%，一处标识印红色（少量荧光），另一处印银色，油墨占纸张面积30%，其余文字印黑色，用对开四色机印刷，纸张吨价6500元，需要覆亚光膜，模切、糊封成型，问共需多少元？（上机印数小于或等于3000印时，印刷加放量每块版加50张，印后加放量每工序加20张，上机印数大于3000印时，印刷加放量按照10‰计算，印后加放量按照12‰

计算。糊封0.1元/个）

【解析】

制版费＝设计费＝1×280＋1×220＝500（元）

上机印数＝印数÷联数×面数＝20000÷4×1＝5000＞3000

印版数＝4

用纸量＝实际用纸量＋加放量
　　　＝20000÷8＋5000×10‰×4÷2＋5000×12‰×3÷2＝2690（张）

单张纸价格＝T×M÷（N×500）＝6500×200÷（1884×500）＝1.38（元/张）

纸款＝用纸量×单张纸价格＝2690×1.38＝3712（元）

金色印刷费＝700×（1＋100%）＋（5000－3000）×0.032×（1＋100%）
　　　　　＝1528（元）

银色印刷费＝700×（1＋200%）＋（5000－3000）×0.032×（1＋200%）
　　　　　＝2292（元）

红色印刷费＝700×（1＋50%）＋（5000－3000）×0.032×（1＋50%）
　　　　　＝1110（元）

黑色印刷费＝700＋（5000－3000）×0.032
　　　　　＝764（元）

印后加工费＝覆膜费＋模切费＋糊封费
　　　　　＝0.6×（1＋20%）×5000＋0.05×5000＋1/2×10000×0.05＋10000×0.1＝5100（元）

总费用＝500＋3712＋1528＋2292＋1110＋764＋5100＝15006（元）

【技能训练2】印刷手提袋5000个，用200g/m²白卡纸，展开为大度对开，需设计，单面四色，一处有25cm²的地方烫金，用对开四色机印刷，纸张吨价6500元，需要覆膜、模切、糊封成型，问共需多少元？（上机印数小于或等于3000印时，印刷加放量每块版加50张，印后加放量每工序加20张，上机印数大于3000印时，印刷加放量按照10‰计算，印后加放量按照12‰计算）

设计费＿＿＿＿＿＿＿＿＿＿＿＿＿＿＿＿＿＿＿＿＿＿＿

菲林费＿＿＿＿＿＿＿＿＿＿＿＿＿＿＿＿＿＿＿＿＿＿＿

实际用纸量＿＿＿＿＿＿＿＿＿＿＿＿＿＿＿＿＿＿＿＿＿

上机印数＿＿＿＿＿＿＿＿＿＿＿＿＿＿＿＿＿＿＿＿＿＿

印版数＿＿＿＿＿＿＿＿＿＿＿＿＿＿＿＿＿＿＿＿＿＿＿

印刷加放量＿＿＿＿＿＿＿＿＿＿＿＿＿＿＿＿＿＿＿＿＿

印后加放量＿＿＿＿＿＿＿＿＿＿＿＿＿＿＿＿＿＿＿＿＿

纸张单价＿＿＿＿＿＿＿＿＿＿＿＿＿＿＿＿＿＿＿＿＿＿

纸款＿＿＿＿＿＿＿＿＿＿＿＿＿＿＿＿＿＿＿＿＿＿＿＿

印刷费＿＿＿＿＿＿＿＿＿＿＿＿＿＿＿＿＿＿＿＿＿＿＿

印后加工费＿＿＿＿＿＿＿＿＿＿＿＿＿＿＿＿＿＿＿＿＿

总费用＿＿＿＿＿＿＿＿＿＿＿＿＿＿＿＿＿＿＿＿＿＿＿

项目三 书刊、画册类印刷品总费用的计算

任务一 精通书刊类总费用的计算

计算书刊类印刷品的成本时，关键是正确分析产品工艺和印刷材料。产品工艺主要表现在书刊的封面上，比如覆膜、烫金、起凸、加勒口，等等。印刷材料就是指封面用纸、内文用纸、彩插用纸等。印刷方式和装订方式也是影响成本的关键因素。印刷方式不同，印刷费用就会有很大的差别，例如同样的书刊，平版胶印和凸版轮转印刷费用就会相差很多；书刊的装订形式以胶订和骑马订为主，两种装订形式的费用具有天壤之别，下面举例说明。

【例7-6】印刷10000本12面的书刊，大16开，封面采用200g/m² 铜版纸，覆亚光膜，单面四色；内文采用157g/m² 铜版纸，双面四色；用四开四色机印刷，骑马订，需设计，纸张吨价8000元，问共需多少钱？（上机印数小于或等于3000印时，印刷加放量每块版加50张，印后加放量每块版加20张，上机印数大于3000印时，印刷加放率为10‰，装订加放率为12‰）

【解析】

制版费＝设计费＝12×140＋3×110＝2010（元）

上机印数＝册数＝10000＞3000

印张数＝12/16＝0.75

印版数＝0.75×2×2×4＝12

用纸量＝实际用纸量＋加放量

＝（10000×0.75÷2＋10000×10‰×12÷4＋10000×12‰×0.75÷4）÷500＝8.145（令）

每令纸价格＝T×M÷N＝8000×157÷1884≈666.67（元/令）

纸款＝用纸量×令价格＝8.145×667＝5430（元）

色令数＝10000×0.75×8÷1000＝60

四开色令数＝60×2＝120

印刷费＝印工费＋印版费＝120×25/2×（1＋20%）＋12×80/2×（1＋20%）＝2376（元）

印后加工费＝覆膜费＋装订费

＝0.15×（1＋20%）×10000＋3×10000×0.042＝3060（元）

总费用＝2010＋5430＋2376＋3060＝12876（元）

【例7-7】印刷10000本书刊，大16开，封面采用200g/m² 铜版纸，覆亚光膜，单面四色；内文共计160面，网目版，采用60g/m² 胶版纸，双面单色黑；内文用对开单色机印刷，封面用四开四色机印刷，胶订，需设计，铜版纸吨价8000元，胶版纸吨价6000元，问共需多少钱？（上机印数小于或等于3000印时，印刷加放量每块版加50张，印后加放量每块版加20张，上机印数大于3000印时，印刷加放率为10‰，装订加放率为14‰。60g/m² 胶版纸的厚度为0.08mm）

【解析】

（1）封面的长度＝210×2＋0.08×160/2＝426.4（mm）

封面的宽度＝285（mm）

经计算封面为大度8开

封面制版费＝设计费＋菲林费＝1×280＋1×110＝390（元）

上机印数＝印数÷联数×面数＝10000÷2×1＝5000＞3000

印版数＝4

用纸量＝实际用纸量＋加放量

　　　　＝10000÷8＋5000×10‰×4÷4＋5000×14‰×1÷4≈1318（张）

单张纸价格＝T×M÷（N×500）＝8000×200÷（1884×500）＝1.7（元/张）

纸款＝用纸量×单张纸价格＝1318×1.7≈2241（元）

印刷费＝印工费＋印版费＝5×25/2×（1＋20%）×4＋4×80/2×（1＋20%）＝492（元）

封面总费用＝390＋2241＋492＝3123（元）

（2）印张数＝160/16＝10

内文制版费＝设计费＋菲林费＝160×15＋10×220/4＝2950（元）

上机印数＝册数＝10000＞3000

印版数＝2×10×1＝20

用纸量＝实际用纸量＋加放量

　　　　＝（10000×10＋10000×10‰×20＋10000×14‰×10）÷1000＝103.4（令）

令价格＝T×M÷N＝8000×200÷1884＝850（元/令）

纸款＝用纸量×令价格＝103.4×850＝87890（元）

色令数＝10000×10×2÷1000＝200

印刷费＝印工费＋印版费＝200×25×（1＋20%）＋20×80×（1＋20%）＝7920（元）

印后加工费＝覆膜费＋封面模切费＋装订费

　　　　　＝0.15×（1＋20%）×10000＋5000×0.05＋1/4×10000×0.05＋（0.03×10＋

　　　　　0.01×10＋0.25）×10000＝8675（元）

内文总费用＝2950＋87890＋7920＋8675＝107435（元）

整书的总费用＝3123＋107435＝110558（元）

【技能训练3】印刷2000本书刊，正16开，封面采用200g/m² 铜版纸，覆亚光膜，单面四色；内文共计190面，网目版，采用60g/m² 胶版纸，双面单色；内文用对开单色机印刷，封面用四开四色机印刷，锁线订，需设计，铜版纸吨价8000元，胶版纸吨价6000元，问共需多少钱？（上机印数小于或等于3000印时，印刷加放量每块版加50张，印后加放量每块版加20张，上机印数大于3000印时，印刷加放率为10‰，装订加放率为14‰。60g/m² 胶版纸的厚度为0.08mm）

封面设计费＿＿＿＿＿＿＿＿＿＿＿＿＿＿＿＿＿＿＿＿

封面菲林费＿＿＿＿＿＿＿＿＿＿＿＿＿＿＿＿＿＿＿＿

封面实际用纸量＿＿＿＿＿＿＿＿＿＿＿＿＿＿＿＿＿＿

封面上机印数＿＿＿＿＿＿＿＿＿＿＿＿＿＿＿＿＿＿＿

封面印版数＿＿＿＿＿＿＿＿＿＿＿＿＿＿＿＿＿＿＿＿

封面加放量＿＿＿＿＿＿＿＿＿＿＿＿＿＿＿＿＿＿＿＿

封面单价＿＿＿＿＿＿＿＿＿＿＿＿＿＿＿＿＿＿＿＿＿

封面纸款＿＿＿＿＿＿＿＿＿＿＿＿＿＿＿＿＿＿＿＿＿

封面印刷费＿＿＿＿＿＿＿＿＿＿＿＿＿＿＿＿＿＿＿＿

封面印后加工费＿＿＿＿＿＿＿＿＿＿＿＿＿＿＿＿＿＿

内文设计费＿＿＿＿＿＿＿＿＿＿＿＿＿＿＿＿＿＿＿＿

内文菲林费＿＿＿＿＿＿＿＿＿＿＿＿＿＿＿＿＿＿＿
内文实际用纸量＿＿＿＿＿＿＿＿＿＿＿＿＿＿＿＿
内文印张数＿＿＿＿＿＿＿＿＿＿＿＿＿＿＿＿＿＿
内文印版数＿＿＿＿＿＿＿＿＿＿＿＿＿＿＿＿＿＿
内文加放量＿＿＿＿＿＿＿＿＿＿＿＿＿＿＿＿＿＿
内文单张纸价格＿＿＿＿＿＿＿＿＿＿＿＿＿＿＿＿
内文纸款＿＿＿＿＿＿＿＿＿＿＿＿＿＿＿＿＿＿＿
内文总转数＿＿＿＿＿＿＿＿＿＿＿＿＿＿＿＿＿＿
内文色令数＿＿＿＿＿＿＿＿＿＿＿＿＿＿＿＿＿＿
内文印刷费＿＿＿＿＿＿＿＿＿＿＿＿＿＿＿＿＿＿
书刊印后加工费＿＿＿＿＿＿＿＿＿＿＿＿＿＿＿＿
总费用＿＿＿＿＿＿＿＿＿＿＿＿＿＿＿＿＿＿＿＿

任务二 精通画册类总费用的计算

画册和自然科学类书刊的不同之处在于其精美的印刷和装订上，印刷以四色为主，纸张以铜版纸为主，装订形式以胶订、线订、精装订为主。

【例7-8】印刷10000本画册，大16开，封面采用250g/m² 铜版纸，覆亚光膜，有一处需烫金，烫金面积为20cm²，双面四色，勒口40mm；内文共计160面，采用105g/m² 铜版纸，双面四色；用对开四色机印刷，胶订，需设计，铜版纸吨价8000元，问共需多少钱？（上机印数小于或等于3000印时，印刷加放量每块版加50张，印后加放量每块版加20张，上机印数大于3000印时，印刷加放率为10‰，装订加放率为14‰，105g铜版纸的厚度0.075mm）

【解析】
（1）封面的长度＝210×2＋0.075×160/2＋80＝506（mm）
封面的宽度＝285（mm）
经计算封面为正度4开
封面制版费＝设计费＋菲林费＝2×350＋1×220＝920（元）
上机印数＝印数÷联数×面数＝10000÷2×2＝10000＞3000
印版数＝4
用纸量＝实际用纸量＋加放量
　　　＝10000÷4＋10000×10‰×4÷2＋10000×14‰×1÷2＝2770（张）
单张纸价格＝T×M÷（N×500）＝8000×250÷（2328×500）＝1.72（元/张）
纸款＝用纸量×单张纸价格＝2770×1.72＝4765（元）
印刷费＝印工费＋印版费＝10×25×（1＋50%）×4＋4×80＝1820（元）
封面总费用＝920＋4765＋1820＝7505（元）
（2）印张数＝160/16＝10
内文制版费＝设计费＋菲林费＝160×140＋10×220＝24600（元）
上机印数＝册数＝10000＞3000
印版数＝2×10×4＝80

用纸量＝实际用纸量＋加放量
　　　　＝（10000×10＋10000×10‰×80＋10000×14‰×10）÷1000＝109.4（令）

令价格＝T×M÷N＝8000×105÷1884＝446（元/令）

纸款＝用纸量×令价格＝109.4×446＝48793（元）

色令数＝10000×10×8÷1000＝800

印刷费＝印工费＋印版费＝25×（1＋20%）×800＋80×80×（1＋20%）＝31680（元）

印后加工费＝覆膜费＋封面模切费＋烫金费＋装订费
　　　　　＝0.3×10000＋5000×0.05＋1/4×10000×0.05＋200＋（0.03×10＋0.01×10＋0.25）×10000＝10075（元）

内文总费用＝24600＋48793＋31680＋10075＝115148（元）

整书的总费用＝7505＋115148＝122653（元）

【技能训练4】印刷5000本画册，大16开，封面采用200g/m² 铜版纸，覆亚光膜，有一处需起凸，起凸面积为25cm²，双面四色；内文共计160面，采用105g/m² 铜版纸，双面四色；用对开四色机印刷，锁线订，需设计，铜版纸吨价8000元，问共需多少钱？（上机印数小于或等于3000印时，印刷加放量每块版加50张，印后加放量每块版加20张，上机印数大于3000印时，印刷加放率为10‰，装订加放率为14‰，105g/m² 铜版纸的厚度0.075mm）

封面尺寸＿＿＿＿＿＿＿＿＿＿＿＿＿＿＿＿＿＿＿＿＿＿＿
封面设计费＿＿＿＿＿＿＿＿＿＿＿＿＿＿＿＿＿＿＿＿＿＿
封面菲林费＿＿＿＿＿＿＿＿＿＿＿＿＿＿＿＿＿＿＿＿＿＿
封面实际用纸量＿＿＿＿＿＿＿＿＿＿＿＿＿＿＿＿＿＿＿＿
封面上机印数＿＿＿＿＿＿＿＿＿＿＿＿＿＿＿＿＿＿＿＿＿
封面印版数＿＿＿＿＿＿＿＿＿＿＿＿＿＿＿＿＿＿＿＿＿＿
封面加放量＿＿＿＿＿＿＿＿＿＿＿＿＿＿＿＿＿＿＿＿＿＿
封面单价＿＿＿＿＿＿＿＿＿＿＿＿＿＿＿＿＿＿＿＿＿＿＿
封面纸款＿＿＿＿＿＿＿＿＿＿＿＿＿＿＿＿＿＿＿＿＿＿＿
封面印刷费＿＿＿＿＿＿＿＿＿＿＿＿＿＿＿＿＿＿＿＿＿＿
封面印后加工费＿＿＿＿＿＿＿＿＿＿＿＿＿＿＿＿＿＿＿＿
内文设计费＿＿＿＿＿＿＿＿＿＿＿＿＿＿＿＿＿＿＿＿＿＿
内文菲林费＿＿＿＿＿＿＿＿＿＿＿＿＿＿＿＿＿＿＿＿＿＿
内文实际用纸量＿＿＿＿＿＿＿＿＿＿＿＿＿＿＿＿＿＿＿＿
内文印张数＿＿＿＿＿＿＿＿＿＿＿＿＿＿＿＿＿＿＿＿＿＿
内文印版数＿＿＿＿＿＿＿＿＿＿＿＿＿＿＿＿＿＿＿＿＿＿
内文加放量＿＿＿＿＿＿＿＿＿＿＿＿＿＿＿＿＿＿＿＿＿＿
内文单张纸价格＿＿＿＿＿＿＿＿＿＿＿＿＿＿＿＿＿＿＿＿
内文纸款＿＿＿＿＿＿＿＿＿＿＿＿＿＿＿＿＿＿＿＿＿＿＿
内文总转数＿＿＿＿＿＿＿＿＿＿＿＿＿＿＿＿＿＿＿＿＿＿
内文色令数＿＿＿＿＿＿＿＿＿＿＿＿＿＿＿＿＿＿＿＿＿＿
内文印刷费＿＿＿＿＿＿＿＿＿＿＿＿＿＿＿＿＿＿＿＿＿＿
书刊印后加工费＿＿＿＿＿＿＿＿＿＿＿＿＿＿＿＿＿＿＿＿
总费用＿＿＿＿＿＿＿＿＿＿＿＿＿＿＿＿＿＿＿＿＿＿＿＿

任务三 掌握票据类总费用的计算

饭店、科研领域等都离不开票据，尤其是电脑票据的应用日益广泛，如超市收款票、出租车卷式票、体育彩票等。随着票据的印制量加大、技术含量越来越高，对印刷工艺要求也日益复杂，因此，正确掌握票据印刷的技术特点、质量要求，科学安排票据印刷的工艺流程十分必要。

生产工艺流程：生产作业单→电脑制版→材料准备→印刷→配页打码（撕单张或分卷）→成品包装入库→出厂。

票据印刷用纸多采用书写纸和无碳复写纸。票据专用无碳复写纸尺寸：一等分尺寸为241mm×280mm（整张），二等分尺寸为241mm×140mm，三等分尺寸为241mm×93mm。纸张颜色非常丰富，有白、红、绿、蓝、黄等颜色。印刷颜色以单色和双色为主，印刷机器以轻型单色印刷机和票据专用机为主，印后工艺以打码和打孔为主。票据通常有二联单、三联单、四联单。

【例7-9】印刷3000本票据，正度64开，封面为80g/m² 牛皮纸，展开为大32开，印刷单色红；内文用45g/m² 书写纸，三联单，纸张的颜色分别是白、粉、黄色，单色黑印刷，一处打码，每本50份，用轻型八开机印刷，出PS版，无需设计，铁丝平订，80g/m² 牛皮纸的吨价5500元，45g/m² 书写纸的吨价4000元，求总费用。（上机印数小于或等于3000印时，印刷加放量每块版加30张，印后加放量每工序加20张，上机印数大于3000印时，印刷加放率为10‰，装订加放率为14‰）

【解析】

（1）封面为大度32开，无需设计，联4出8开菲林

封面制版费＝菲林费＝$1×20=20$（元）

上机印数＝印数÷联数×面数＝$3000÷4×1=750<1000$

印版数＝1

用纸量＝实际用纸量＋加放量
　　　＝$3000÷32+30×1÷8+20×1÷8=101$（张）

单张纸价格＝T×M÷(N×500)＝$5500×80÷(1884×500)=0.47$（元/张）

纸款＝用纸量×单张纸价格＝$101×0.47=48$（元）

印刷费＝印工费＋印版费＝$10×1+1×10=20$（元）

封面总费用＝$20+48+20=88$（元）

（2）内文制版费＝菲林费＝$1×20=20$（元）

印版数＝1

白、粉、黄各色纸的实际用纸量＝$3000×50÷64=2344$（张）

上机印数＝$3000×50÷64×8=18752>3000$

加放量＝$(18752×10‰×1+18752×14‰×1)÷8=57$（张）

用纸量＝$2344×3+57=7089$（张）

单张纸价格＝T×M÷(N×500)＝$4000×45÷(2328×500)=0.16$（元/张）

纸款＝用纸量×单张纸价格＝$7089×0.16=1135$（元）

印刷费＝印工费＋印版费＝$11×18.752×3+1×10=629$（元）

印后加工费＝打码费＋装订费
　　　　　＝0.012×18752×3＋0.06×50×3000＝9676（元）

内文总费用＝20＋1135＋629＋9676＝11460（元）

整书的总费用＝88＋11460＝11548（元）

【例7-10】印刷票据30000份，尺寸241mm×93mm，用55g/m² 无碳复写纸，三联单，上、中、下纸的颜色分别是白、粉、黄色，单色黑印刷，一处打码，用票据专用机印刷，无需设计，无需装订，求总费用。（每箱1000张，每箱80元，整张尺寸：241mm×280mm，印版50元）

【解析】

整张尺寸：241mm×280mm，票据尺寸241mm×93mm，即三等分

份数＝张数×等分数÷联数＝1000×3÷3＝1000

共印刷30000份，所以用纸30箱，每箱80元，纸款＝30×80＝2400（元）

印版费＝50元

印刷费的计算与平版胶印不同，通常是每色每公斤纸张的印刷费为10元。

纸张的重量＝每箱的重量×箱数

每箱的重量＝0.241×0.28×1000×55÷1000＝3.711（kg）

纸张的重量＝3.711×30＝111.342（kg）

印刷费＝111.342×10＝1113.42（元）

打码费＝个数×单价＝30000×3×0.012＝1080（元）

总费用＝2400＋50＋1113.42＋1080＝4643.42（元）

【技能训练5】印刷5000本票据，正度64开，封面为80g/m² 牛皮纸，展开为大32开，印刷单色红；内文是无碳复写纸，三联单，纸张的颜色分别是白、粉、黄，上纸45g/m²、中纸50g/m²、下纸45g/m²，单色黑印刷，一处打码，每本50份，用轻型八开机印刷，出PS版，无需设计，铁丝平订，80g/m² 牛皮纸的吨价5500元，无碳复写纸的吨价4500元，求总费用。（上机印数小于或等于3000印时，印刷加放量每块版加30张，印后加放量每块版加20张，上机印数大于3000印时，印刷加放率为10‰，装订加放率为14‰）

菲林费＿＿＿＿＿＿＿＿＿＿＿＿＿＿＿＿＿

封面实际用纸量＿＿＿＿＿＿＿＿＿＿＿＿＿＿

封面加放量＿＿＿＿＿＿＿＿＿＿＿＿＿＿＿

牛皮纸的单价＿＿＿＿＿＿＿＿＿＿＿＿＿＿

封面纸款＿＿＿＿＿＿＿＿＿＿＿＿＿＿＿

封面印刷费＿＿＿＿＿＿＿＿＿＿＿＿＿＿

内文实际用纸量＿＿＿＿＿＿＿＿＿＿＿＿＿

内文加放量＿＿＿＿＿＿＿＿＿＿＿＿＿＿

内文单价＿＿＿＿＿＿＿＿＿＿＿＿＿＿＿

内文纸款＿＿＿＿＿＿＿＿＿＿＿＿＿＿＿

内文印刷费＿＿＿＿＿＿＿＿＿＿＿＿＿＿

内文装订费＿＿＿＿＿＿＿＿＿＿＿＿＿＿

总费用＿＿＿＿＿＿＿＿＿＿＿＿＿＿＿＿

课后习题

1. 印刷单页8000份，用128g/m² 铜版纸，正度16开，需设计，双面四色，用四开四色机印刷，拼成自翻版，纸张吨价7000元，问共需多少元？（上机印数小于或等于3000印时，每块版加50张，上机印数大于3000印时，按照10‰计算）

2. 印刷肥皂包装盒20000个，用210g/m² 白卡纸，展开为大度24开，需设计，单面四色，用对开四色机印刷，纸张吨价7000元，需要全幅机印UV上光，模切、糊封成型，问共需多少元？（上机印数小于或等于3000印时，印刷加放量每块版加50张，印后加放量每工序加20张，上机印数大于3000印时，印刷加放量按照10‰计算，印后加放量按照12‰计算。糊封0.1元/个）

3. 印刷5000本16面的书刊，大16开，封面采用200g/m² 铜版纸，覆亚光膜，单面四色；内文采用157g/m² 铜版纸，双面四色；用四开四色机印刷，骑马订，需设计，纸张吨价8000元，问共需多少钱？（上机印数小于或等于3000印时，印刷加放量每块版加50张，印后加放量每块版加20张，上机印数大于3000印时，印刷加放率为10‰，装订加放率为12‰。）

4. 印刷5000本画册，大16开，封面采用250g/m² 铜版纸，覆亮光膜，有一处需烫金，烫金面积为20cm²，双面四色，勒口40mm；内文共计192面，采用105g/m² 铜版纸，双面四色；用对开四色机印刷，胶订，需设计，铜版纸吨价8000元，问共需多少钱？（上机印数小于或等于3000印时，印刷加放量每块版加50张，印后加放量每块版加20张，上机印数大于3000印时，印刷加放率为10‰，装订加放率为14‰，105g/m² 铜版纸的厚度0.075mm）

5. 印刷票据50000份，尺寸241mm×140mm，用55g/m² 无碳复写纸，三联单，上、中、下纸的颜色分别是白、粉、黄色，单色黑印刷，一处打码，用票据专用机印刷，无需设计，无需装订，求总费用。（每箱1000张，每箱80元，整张尺寸：241mm×280mm，印版50元，每色每公斤纸张的印刷费为10元）

模块二～七习题答案

模块二

1. 文字排版费＝200×2×10＝4000（元）
表格排版费＝40×14＝560（元）
总排版费＝4000＋560＝4560（元）

2. 中文文字排版费＝150×10＝1500（元）
纯外文排版费＝100×24×10.5×0.037＝932.4（元）
中外对照排版费＝62×24×10.5×0.048＝750（元）
总排版费＝1500＋932.4＋750＝3182.4（元）

3. （1）设计费＝96×150＝14400（元）
制作费＝96×140＝13440（元）
胶片输出费＝96÷4×110＝2640（元）
打样费＝5×80＝400（元）
印前总费用＝14400＋13440＋2640＋400＝30880（元）
（2）蓝纸输出费＝胶片输出费×25%＝660元，总费用＝30880－2640＋660＝28900（元）

4. 排版费＝6×2×10＝120（元）
制作费＝58×140＝8120（元）
胶片输出费＝8×220＋1×60＝1820（元）
打样费＝3×60＝180（元）
印前总费用＝10240（元）

模块三

1. 上机印数＝50000÷8×2＝12500＞3000
加放量＝12500×10‰×4÷2＝250（张）
实际用纸量＝50000÷16＝3125（张）
总用纸量＝3125＋250＝3375（张）
单价＝6700×128÷（2328×500）＝0.74
纸款＝3375×0.74＝2497.5（元）

2. 印张＝13
印版数＝26
上机印数＝150000＞3000
加放量＝150000×（26×9‰＋13×14‰）÷1000＝62.4（令）
实际用纸量＝13×150000÷1000＝1950（令）
用纸量＝2012.4（令）
令价格＝5200×52÷1884＝143.5

纸款＝2012.4×143.5＝288779.4（元）

3.内文：印张＝10

印版数＝20

上机印数＝30000＞3000

加放量＝30000×（20×9‰＋10×14‰）÷1000＝9.6（令）

实际用纸量＝10×30000÷1000＝300（令）

用纸量＝309.6（令）

令价格＝5500×52÷2328＝122.85（元）

纸款＝309.6×122.85＝38034.36（元）

封皮：长＝130×2＋65×2＋0.0738×320/2＝402（mm）

款＝184（mm）

经计算开数为大度12开

上机印数＝30000÷6＝5000＞3000

加放量＝5000×（4×9‰＋1×14‰）÷1000＝0.25（令）

实际用纸量＝30000÷12＝5（令）

总用纸量5.25令

单价＝6700×128÷1884＝455（元）

纸款＝5.25×455＝2388.75（元）

总费用＝2388.75＋38034.36＝40423.11（元）

4.大度128g＝7000×128÷（1884×500）＝0.951（元）

157g＝7000×157÷（1884×500）＝1.17（元）

180g＝7000×180÷（1884×500）＝1.34（元）

210g＝7000×210÷（1884×500）＝1.56（元）

正度：128g＝7000×128÷（2328×500）＝0.77（元）

157g＝7000×157÷（2328×500）＝0.944（元）

180g＝7000×180÷（2328×500）＝1.08（元）

210g＝7000×210÷（2328×500）＝1.26（元）

5.500本

单色内文：

印张＝12

印版＝48

加放量＝50×48÷（4×500）＋30×12÷（4×500）＝1.38（令）

实际用纸量＝12×500÷1000＝6（令）

用纸量＝7.38

单价＝5500×52÷1884＝152（元）

纸款＝6×152＝912（元）

彩插

印张＝5

印版＝80

加放量＝50×40÷（4×500）＋30×5÷（4×500）＝4.075（令）

实际用纸量＝5×500÷1000＝2.5（令）

用纸量＝6.575

单价＝7900×105÷1884＝441（元）

纸款＝6.575×441＝2900（元）

封面：

长＝210×2＋192/2×0.0738＋80/2×0.075＋6＝436.08（mm）

宽＝291（mm）

为大度8开

加放量＝50×4÷4＋30×1÷4＝57.5（张）

实际用纸量＝500÷8＝62.5（张）

用纸量＝110（张）

单价＝6700×157÷（1884×500）＝1.12（元）

纸款＝110×1.12＝123.2（元）

10000本 对开

单色内文：

印张＝12

印版＝24

加放量＝10000×（24×9‰＋12×14‰）÷1000＝3.84（令）

实际用纸量＝12×10000÷1000＝120（令）

用纸量＝123.84（令）

单价＝5500×52÷1884＝152（元）

纸款＝123.84×152＝18823.68（元）

彩插

印张＝5

印版＝40

加放量＝10000×（40×9‰＋5×14‰）÷1000＝4.3（令）

实际用纸量＝5×10000÷1000＝50（令）

用纸量＝54.3（令）

单价＝7900×105÷1884＝441（元）

纸款＝54.3×441＝23946.3（元）

封面：

长＝210×2＋192/2×0.0738＋80/2×0.075＋6＝436.08（mm）

宽＝291（mm）

为大度8开

上机印数＝10000÷4＝2500＜3000

加放量＝50×4÷2＋30×1÷2＝115（张）

实际用纸量＝10000÷8＝1250（张）

用纸量＝1365（张）

单价＝6700×157÷（1884×500）＝1.12（元）

纸款＝1365×1.12＝1528.8（元）

6.单色内文

印张＝20

印版＝40
加放量＝3500×（40×9‰＋20×14‰）÷1000＝2.24（令）
实际用纸量＝20×3500÷1000＝70（令）
用纸量＝72.24（令）
彩插：
印张＝3
印版＝24
加放量＝3500×（24×9‰＋3×14‰）÷1000＝0.9（令）
实际用纸量＝3×3500÷1000＝10.5（令）
用纸量＝11.4（令）

7. 2000册
内文：
印张＝6
印版＝12
加放量＝50×12÷（2×500）＋30×6÷（2×500）＝0.78（令）
实际用纸量＝6×2000÷1000＝12（令）
用纸量＝12.78（令）
封皮：
长＝185×2＋96/2×0.095＋6＝380.56（mm）
宽＝266（mm）
为大度8开
加放量＝50×4÷2＋30×1÷2＝115（张）
实际用纸量＝2000÷8＝250（张）
用纸量＝365（张）

5000册
内文：
印张＝6
印版＝12
加放量＝5000×（12×9‰＋6×14‰）÷1000＝0.96（令）
实际用纸量＝6×5000÷1000＝30（令）
用纸量＝30.96（令）
封皮：
长＝185×2＋96/2×0.095＋6＝380.56（mm）
宽＝266（mm）
为大度8开
加放量＝50×4÷2＋30×1÷2＝115（张）
实际用纸量＝5000÷8＝625（张）
用纸量＝740（张）

8.
内文：
印张＝4

印版＝32
加放量＝10000×（32×9‰＋4×14‰）÷1000＝3.44（令）
实际用纸量＝4×10000÷1000＝40（令）
用纸量＝43.44（令）
封皮：
上机印数＝10000÷6×2＝3334＞3000
加放量＝3334×（4×9‰＋1×14‰）÷2＝21
实际用纸量＝10000÷12＝834（张）
用纸量＝855（张）
9. 印张数＝10.625＝10＋0.5＋0.125
10 印张：
加放量＝6000×（40×9‰＋10×14‰）÷1000＝3（令）
0.5 印张：
上机印数＝6000/2＝3000
加放量＝50×4÷1000＝0.2（令）
0.125 印张同上
10. 印张数＝8.75＝8＋0.5＋0.25
8 印张：
加放量＝5000×64×9‰÷1000＝2.88（令）
0.5 印张：
上机印数＝5000/2＝2500＜3000
加放量＝50×8÷1000＝0.4（令）
0.25 印张同上

模块四

1. 印张＝13
转数＝4000×13×2＝104000
色令数＝104
印工费＝104×10×（1＋20%）＝1248（元）
2. 印张＝10
印工费＝10×8000×0.02×（1＋20%）＝1920（元）
3. 500 本
印版费＝10（元）
印工费＝10（元）
2000 本
印版费＝10（元）
印工费＝10×（1＋30%）×2＝26（元）
4. 四开单色机：
印刷费＝开机费＝100×8＝800（元）
对开轮转
印工费＝5000×2×0.02＝200（元）

印版费＝4×80＝320（元）
拼版费＝4×30＝120（元）
印刷费＝640（元）
八开轻印刷
印工费＝2000×16÷1000×10＝320（元）
印版数＝4×2×2＝16（元）
印版费＝16×10＝160（元）
印刷费＝480（元）
5. 印张数＝22.8125
整印张＝22
零印张＝0.8125
面数13面，加一面空白为14面，即印张数为0.875
0.875＝0.5＋0.25＋0.125
22印张：
拼版费＝22×2×2×20＝1760（元）
印版费＝22×2×2×80×（1＋20%）＝8448（元）
色令数＝440
印工费＝440×20×（1＋20%＋40%）＝14080（元）
0.5印张：
上机印数＝5000×0.5＝2500＜5000
拼版费＝20（元）
印版费＝80×（1＋20%）＝96（元）
印工费＝5×20×（1＋20%＋40%）＝160（元）
0.25印张和0.125印张同上
6. 印张数＝10.875
整印张＝10
零印张＝0.875＝0.5＋0.25＋0.125
10印张：
印版费＝10×2×4×80＝6400（元）
色令数＝320
印工费＝320×25＝8000（元）
0.5印张：
上机印数＝4000×0.5×2＝4000＞3000
印版费＝4×80＝320（元）
印工费＝4×25×4＝400（元）
0.25印张：
上机印数＝4000×0.25×2＝2000＜3000
印刷费＝800（元）
0.125印张：
印刷费＝800（元）
7. 印张数＝12.5

整印张＝12

零印张＝0.5

12印张：

印版费＝12×2×100×（1＋20%）＝2880（元）

色令数＝1000

印工费＝1000×25×（1＋20%）＝36000（元）

印刷费＝38880（元）

0.5印张：

上机印数＝50000×0.5＝25000＞3000

印版费＝4×100×（1＋20%）＝480（元）

印工费＝25×25×4×（1＋20%）＝3000（元）

印刷费＝3480（元）

8.金色：

700×（1＋200%＋30%）+2000×0.032×（1＋200%＋30%）＝2521.2（元）

银色：

700×（1＋400%＋30%）+2000×0.032×（1＋400%＋30%）＝4049.2（元）

荧光：

700×（1＋100%＋30%）+2000×0.032×（1＋100%＋30%）＝1757.2（元）

黑色：

700×（1＋30%）+2000×0.032×（1＋30%）＝993.2（元）

总费用＝2521.2+4049.2+1757.2+993.2＝9320.8（元）

9.10万：

上机印数＝100000/8×2＝25000＞3000

印版费＝4×100＝400（元）

印工费＝25×25×4＝2500（元）

印刷费＝2900（元）

1万：印刷费＝800（元）

模块五

1.无线胶装费＝（0.25+0.03×12+0.01×12）×5000＝3650（元）

2.锁线订＝（0.25+0.04×10+0.01×10）×30000＝22500（元）

3.印张＝8，骑马订＝9×0.042×3000＝1134（元）

4.装订费＝（9×0.042-8×0.03）×5000＝690（元）

5.印张数＝8，无线精装＝（1.4+8×0.01+8×0.03）×5000＝8600（元）

模块六

1.5000×0.25＝1250（元）；5000×0.3＝1500（元）

2.5000×0.04+0.05×1/4×10000＝325（元）

3.2500×0.9×12+12×2＝324（元）

4.起凸：4000×0.08+25×2×2＝132＜200，所以起凸费为200元

烫金：4000×0.03×40+40×2＝132＝4880（元）

5.模切＝120+0.05×1/2×10000＝370（元）

糊封：$1000 \times 0.4 = 400$（元）

6. 9号信封：$0.025 \times 20000 = 500$（元）

7号信封：$0.015 \times 25000 = 375$（元）

模块七

1. 制版费＝设计费＋菲林费＝$2 \times 140 + 1 \times 110 = 390$（元）

上机印数＝印数÷联数×面数＝$8000 \div 4 \times 2 = 4000 > 3000$

印版数＝4

用纸量＝实际用纸量＋加放量

＝$8000 \div 16 + 4000 \times 10‰ \times 4 \div 4 = 540$（张）

单张纸价格＝T×M÷（N×500）＝$7000 \times 128 \div (2328 \times 500) = 0.77$（元/张）

纸款＝用纸量×单张纸价格＝$540 \times 0.77 = 416$（元）

印刷费＝印工费＋印版费＝$4 \times 12.5 \times 4 + 4 \times 40 = 360$（元）

总费用＝$390 + 416 + 360 = 1166$（元）

2. 制版费＝设计费＝$1 \times 120 + 1 \times 220 = 340$（元）

上机印数＝印数÷联数×面数＝$20000 \div 12 \times 1 = 1667 < 3000$

印版数＝4

用纸量＝实际用纸量＋加放量

＝$20000 \div 24 + 50 \times 4 \div 2 + 20 \times 3 \div 2 = 964$（张）

单张纸价格＝T×M÷（N×500）＝$7000 \times 210 \div (1884 \times 500) = 1.56$（元/张）

纸款＝用纸量×单张纸价格＝$964 \times 1.56 = 1504$（元）

印刷费＝开机费＝800（元）

印后加工费＝上光费＋模切费＋糊封费

＝$0.75 \times 1/24 \times 20000 + 120 + 1/2 \times 10000 \times 0.05 + 20000 \times 0.1 = 2995$（元）

总费用＝$340 + 1504 + 800 + 2995 = 5639$（元）

3. 制版费＝设计费＝$16 \times 140 + 4 \times 110 = 2680$（元）

上机印数＝册数＝$5000 > 3000$

印张数＝$16/16 = 1$

印版数＝$1 \times 2 \times 2 \times 4 = 16$

用纸量＝实际用纸量＋加放量

＝$(5000 \times 1 \div 2 + 5000 \times 10‰ \times 16 \div 4 + 5000 \times 12‰ \times 1 \div 4) \div 500 = 5.424$（令）

每令纸价格＝T×M÷N＝$8000 \times 157 \div 1884 = 667$（元/令）

纸款＝用纸量×令价格＝$5.424 \times 667 = 3618$（元）

色令数＝$5000 \times 1 \times 8 \div 1000 = 40$

四开色令数＝$40 \times 2 = 80$

印刷费＝印工费＋印版费＝$80 \times 25/2 \times (1 + 20\%) + 16 \times 80/2 \times (1 + 20\%) = 1968$（元）

印后加工费＝覆膜费＋装订费

＝$0.15 \times (1 + 20\%) \times 5000 + 3 \times 5000 \times 0.042 = 1530$（元）

总费用＝$2680 + 3618 + 1968 + 1530 = 9796$（元）

4.（1）封面的长度＝$210 \times 2 + 0.075 \times 160/2 + 80 = 506$（mm）

封面的宽度＝285（mm）

经计算封面为正度4开

封面制版费＝设计费＋菲林费＝2×350＋1×220＝920（元）

上机印数＝印数÷联数×面数＝5000÷2×2＝5000＞3000

印版数＝4

用纸量＝实际用纸量＋加放量
　　　＝5000÷4＋5000×10‰×4÷2＋5000×14‰×1÷2＝1385（张）

单张纸价格＝T×M÷（N×500）＝8000×250÷（2328×500）＝1.72（元/张）

纸款＝用纸量×单张纸价格＝1385×1.72＝2383（元）

印刷费＝印工费＋印版费＝5×25×（1＋50%）×4＋4×80＝1070（元）

封面总费用＝920＋2383＋1070＝4373（元）

（2）印张数＝192/16＝12

内文制版费＝设计费＋菲林费＝192×140＋12×220＝29520（元）

上机印数＝册数＝5000＞3000

印版数＝2×12×4＝96

用纸量＝实际用纸量＋加放量
　　　＝（5000×12＋5000×10‰×96＋5000×14‰×12）÷1000＝65.64（令）

令价格＝T×M÷N＝8000×105÷1884＝446（元/令）

纸款＝用纸量×令价格＝65.64×446＝29275（元）

色令数＝5000×12×8÷1000＝480

印刷费＝印工费＋印版费＝25×（1＋20%）×480＋96×80×（1＋20%）＝32616（元）

印后加工费＝覆膜费＋封面模切费＋烫金费＋装订费
　　　　＝0.25×5000＋2500×0.05＋1/4×10000×0.05＋200＋（0.03×10＋0.01×10＋0.25）×5000＝4950（元）

内文总费用＝29520＋29275＋32616＋4950＝96361（元）

整书的总费用＝4373＋96361＝100734（元）

5. 整张尺寸：241mm×280mm，票据尺寸241mm×140mm，即二等分

份数＝张数×等分数÷联数＝1000×2÷3＝667

共印刷50000份，所以用纸75箱，每箱80元，纸款＝75×80＝6000（元）

印版费＝50（元）

每色每公斤纸张的印刷费为10（元）。

纸张的重量＝每箱的重量×箱数

每箱的重量＝0.241×0.28×1000×55÷1000＝3.711（kg）

纸张的总重量＝3.711×75＝278.325（kg）

印刷费＝278.325×10＝2783.25（元）

打码费＝个数×单价＝50000×3×0.012＝2100（元）

总费用＝6000＋50＋2783.25＋2100＝10883.25（元）

附录

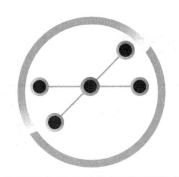

附录1 汉字文字字号、级数、点数和宽度对照表

级数	宽度/mm	字号	点数	级数	宽度/mm	字号	点数
7	1.75		5	18	4.50		
	1.845	7	5.25		4.929	4	14.00
8	2.00			20	5.00		
9	2.25		6		5.625	3	15.75
10	2.50		7	24	6.00		
11	2.75	6	7.875	28	7.00		
	2.812		8		7.48	2	21.00
12	3.00			32	8.00		
	3.163	小5	9	38	9.50		
13	3.25				9.665	1	28.5
14	3.50		10	44	11.00		
	3.69	5	10.5	50	12.50	初	36
15	3.75		11	56	14.00		
16	4.00				14.76	老初	42.00
	4.218	小4	12.00	62	15.50		

1级＝0.25mm 1点＝0.3527mm

1个老初号字宽度＝2个2号字宽度＝4个5号字宽度＝8个7号字宽度

1个1号字宽度＝2个4号字宽度

1个3号字宽度＝2个6号字宽度

附录2　常用开本尺寸值

开本	成书尺寸/mm	所用原纸尺寸/mm
128	62×90	787×1092
100	73×105	787×1092
100（大）	82×112	889×1194
64	89×127	787×1092
40	103×175	787×1092
36	111×180	787×1092
32	130×184	787×1092
32（大）	140×203	850×1168
32（大）	146×210	880×1270
28	130×209	787×1092
24（横）	171×182	787×1092
24（竖）	162×184	787×1092
20	206×181	787×1092
18	165×229	787×1092
16（大）	210×285	889×1194
16（大）	210×297	880×1270
16	187×258	787×1092
16（小）	152×222	640×930
12（横）	248×260	787×1092
12（竖）	320×260	787×1092
8（大）	320×260	787×1092
8	370×260	787×1092
8（小）	230×300	635×965

附录3　图书、杂志国际标准开本

系列编组	原纸尺寸/mm	开数	成品尺寸/mm	正文		封面（直式）			封面（横式）		
				开数	开法	开数	开料尺寸/mm	书脊	开法	开数	开料尺寸/mm	书脊	开法

系列编组	原纸尺寸/mm	开数	成品尺寸/mm	开数(正文)	开法(正文)	开数(封面直式)	开料尺寸/mm(封面直式)	书脊(直式)	开法(直式)	开数(封面横式)	开料尺寸/mm(封面横式)	书脊(横式)	开法(横式)
A	880×1230	16	212×294	11	2×3+5	5	300×（430～480）	50	3+2	5	218×（594～644）	50	5×1
		32	147×208	25	5×5	11	214×（300～350）	50	2×3+5	11	153×（422～474）	52	2×2+7
		64	104×143	50	10×5	25	150×（214～216）	2	5×5	23	110×（292～323）	31	7×3+2

续表

系列编组	原纸尺寸/mm	开数	成品尺寸/mm	正文		封面（直式）			封面（横式）		
				开数	开法	开数	开料尺寸/mm	书脊	开法	开数	开料尺寸/mm	书脊	开法

系列编组	原纸尺寸/mm	开数	成品尺寸/mm	开数	开法	开数	开料尺寸/mm	书脊	开法	开数	开料尺寸/mm	书脊	开法
B	787×1092	16	188×260	16	4×4	8	266×（382～390）	8	4×2	8	192×（526～540）	14	4×2
		32	130×184	32	8×4	16	190×（266～270）	4	4×4	16	136×（374～390）	16	8×2
		64	92×126	64	8×8	32	132×（190～195）	5	8×4	32	98×（258～270）	12	8×4
	850×1168	16	203×280	13	5×2+3	5	286×（409～494）	85	3+2	6	209×（566～571）	5	5+1
		32	140×203	27	4×5+7	12	209×（286～391）	5	2×3+1+5	11	146×（412～488）	76	2×2+7
		64	101×137	54	10×4+2×7	25	143×（207～216）	9	5×5	25	107×（280～289）		7×3+2×2

附录4　常见开本版面容字量及相关信息

开本	成品尺寸（原纸尺寸）/mm	字号	每行字数×行数	每面字数	适用书籍
16	210×297（880×1230）	5	47×46	2162	大型工具书、画册
		小5	55×54	2970	大型工具书、画册
			53×54（双栏）	2862	大型工具书、刊物
	205×280（850×1168）	5	45×44	1980	大型工具书、刊物
		小5	53×52	2756	大型工具书、刊物
	185×260（787×1092）	5	40×39	1560	一般图书
			40×40	1600	科技书
		小5	46×47（双栏）	2162	科技书、工具书
			48×47（通栏）	2256	科技书
		6	52×53（双栏）	2756	辞书、工具书
			54×53（通栏）	2862	辞书
	184×230（787×960）	5	40×35	1400	一般图书
		小5	47×41	1927	一般图书
	170×240（720×1000）	5	36×36	1296	一般图书
		小5	42×42	1764	科技书

续表

开本	成品尺寸 （原纸尺寸）/mm	字号	每行字数×行数	每面字数	适用书籍
32	148×210 （880×1230）	5	30×31	930	工具书
		小5	35×36	1260	工具书
	140×203 （850×1168）	小4	24×25	600	青少年读物
		5	27×27	729	文艺、理论
		5	28×28	784	一般图书
		5	29×30	870	科技书
		小5	34×34	1156	工具书
		小5	35×35	1225	辞书
		6	38×38	1444	工具书
	130×185 （787×1092）	小4	23×22	506	青少年读物
		5	26×26	676	政治、文艺
		5	27×27	729	一般图书
		小5	29×29	841	科普读物
		小5	32×32	1024	工具书
64	104×143 （880×1230）	小5	25×25	625	小型工具书、辞书
		6	28×28	784	小型工具书、辞书
	97×138 （850×1168）	小5	24×24	576	小型工具书、辞书
		6	27×27	729	小型工具书、辞书
	92×127 （787×1092）	小5	22×22	484	小型工具书、辞书
		6	24×25	600	小型工具书、辞书

附录5 北京地区工价体系

北京地区印刷工价是北京印刷集团和北京印刷协会，以北京地区印刷工价历史形成的框架和水平为基础编制的，各印刷企业根据本指导价格的水平结合本企业的具体情况，制定本单位的产品具体价格。凡需由工厂代料的纸张和材料可按工厂进价加收10%～15%管理费。成品完成后，由工厂负责送往委印单位指定不超过三处的市内地点（不包括远郊区县）。如需要送至其他地点者，运输工具及运输费用由委印单位自理。计算办法中所列各表，如同时出现几项需要加成计算的工价，按累计法计算。

下面为北京地区印刷工价，这些工价只作为价格参考的依据，具体价格应视具体情况而定。

1.胶印轮转印刷

胶印轮转书刊印刷及上版工价，见附表1。

附表1　胶印轮转书刊印刷及上版工价　　　　　　　　　　（单位：元）

项目	计算单位	工价
文字线条版	1印张	0.016
文字网纹版	1印张	0.018
上版	对开版每次	70.00

注：① 印数不足5000印张者按5000印张计，超过5000印张按实际计。无论印数多少均收一次上版费。

② 网纹版系指全书面积20%及以上者，如有面积较大的实地版，工价另议。

③ 用45g/m² 及45g/m²以下薄纸者，印费加20%。

④ 软片、转印膜、雁皮纸样拼版，每对开版收拼版及片基费16开15元，32开20元，每加拼一图加收0.50元。

⑤ 外来软片版需改字、换图者每处加收0.80元。

⑥ 此表印刷工价系指用每千克10元以下的一般黑墨，如所用黑墨单价超过10元不足11元的，每千印张加0.40元，每千克单价在11元及以上不足12元的，每千印张加0.80元，依此类推，用彩色油墨者，照此表工价另加30%。

⑦ PS版系按每块30元为基价，如价格超过30元时，可加版材差价费。

⑧ 用850mm×1168mm及以上规格的纸张者，照此表工价加20%。

2. 胶印平版印刷

平版印刷及晒版、上版印刷工价，见附表2。

附表2　平版印刷及晒版、上版印刷工价　　　　　　　　　　（单位：元）

项目	计算单位	单色及多色套色版
文字、线条版	对开千印	12.00
网纹版	对开千印	25.00
实地版	对开千印	33.00
晒版及上版基价（阳图版）	对开版每次	70.00
套白油	对开千印	15.00

注：① 每色印数不足5对开千印者按5对开千印计，5对开千印以上按实际计（对开千印＝色令）。无论印数多少只收一次上版费。

② 此表系对开张的工价。如用四开纸（含四开机）印者每四开千印照此表对开千印工价85%计。如用三开纸印者照此表对开工价计。

③ 单色线块连环画按单色文字、线条版工价每对开千印另加0.30元。

④ 一色或多色网点构成色地占纸面60%以上者，其中一色或多色可照此表实地版计。

⑤ 使用金色、银色油墨的印件，印刷费照此表工价计，金银油墨按实用用量价格收费。

⑥ 使用双色胶印机印刷或套白油时，如有一个滚筒空跑，仍应计价，每对开千印收8元。四色机有两组（含两组）以上跑空者收两个跑空费，有一组跑空者收一个跑空费。

⑦ 此表印刷工价按黄、品、青、黑四种油墨的每千克平均价格20元为标准制定的，如每千克平均价格超过2元时，每对开令加0.5元，依此类推。PS版系按每块30元作为基价，如果版材超过此基价时，可加版材差价费。

⑧ 四开胶印机印刷工价照说明第2条计算。晒版及上版按对开版70%计。

⑨ 凡用四色胶印机印刷产品，照此表工价加20%计。

⑩ 晒版及上版工价，遇有三拼晒及以上者，每对开版按晒版及上版基价加25%计。

⑪ 凡印件用200g/m² 及以上的厚纸，45g/m²及以下薄纸印者工价另议。

⑫ 单独晒版（PS版）按晒上版基价80%计，外来拷版者每对开版收10元。

⑬ 用锌皮版晒版、上版者按PS版工价50%计。

⑭ 印完后需要保留原版者以三个月为限，由工厂通知委印单位，过期不再保留。

⑮ 中途需换纸印刷时，不足2对开千印按2对开千印计。

⑯ 成品如需裁切、点数、包扎者，每令纸收工料费（包装纸自备）：全开对开3.50元、4开4元、8开5元，小于8开的另议。

⑰ 用850mm×1168mm及以上规格的纸张者，照此表工价加20%。

3. 印后装订

印后装订工价见附表3（包括：折页、配页、上皮、订本、锁线、切成品、送书、捆工、包包费；不包括：精装糊封及上封、烫金、压印、装订零件）、附表4（包括：正文单页和双页、环衬、扉页、插表等装订零件）、附表5（包括：开料、糊工）、附表6（包括：扒圆、起脊、糊花头、粘脊背卡纸、纱布、贴环衬、裱封、压沟）。

附表3　印后装订工价　　　　　　　　　　　　　　　（单位：元）

项目	计算单位	8开	16开	32开	64开
平订	每册	0.041	0.035	0.045	0.07
胶订	每册	0.045	0.041	0.047	0.09
精平装锁线	每册	0.054	0.047	0.061	0.12
骑马订	每册	—	0.034	0.037	0.054

注：① 每册以三个印张为基数，订数不足4000册按4000册计（一印张32开为16页，16开为8页，1页＝2面），零页不足半个印张按半个印张计，超过半个印张按一个印张计。骑马订画报和畸形开本以及期刊印数在三万一下者装订工价另议。

② 平装书（包括骑马订）、精平装锁线书，在基数以上每增加一印张，按此表工价加30%计，依此类推，两个印张及以下者，按此表80%计，两个印张以上不足三个印张的按三个印张计。

③ 正文用铜版纸，照此表工价加收40%。胶版纸以及用70g/m²及以上厚纸、45g/m²及以下薄纸，照此表工价加收30%。平装封面用纸在180g/m²以上者，每千册加收3.00元。压塑料薄膜的封面，每千册加收20.00元（需垫衬纸者，纸由委印单位自备，需压钢线者，8开及以下每千缓5.00元）。

④ 平装锁线、胶订书的书脊垫卡纸者，每千印张另收工料费1.30元，书脊加纱布者，每千印张另收工料费2.70元。使用热熔胶装订者，每千印张另收胶的差价费5.00元。

⑤ 厚平装书用两面铁丝订的，装订工价除按此表"平装书"工价计算外，每千册另收6.00元。

⑥ 三眼线的装订工价除按此表"平装书"工价计算外，每千册另收3.60元。

⑦ 封面带号码者，照此表工价加20%。

⑧ 平装锁线书用300g/m²以上的厚纸做封面者，加收上封费，每册另加16开0.05元，32开0.04元。

⑨ 此表胶订工价系按每千克6元以下的聚醋酸乙烯酯（乳胶）为标准制定的，胶价如有提高，酌加胶的差价费。

⑩ 一般包装不另收工费（包装纸由委印单位自备），需配本包的每千册加收4元，以3册为基数，超过3册每千册收5.20元。

⑪ 如委印单位有特殊原因临时通知停装者，由此而产生的问题和损失，由双方协商解决。

⑫ 装订短版活加成办法：印数在1万册及以下者加50%、2万册及以下者加40%、3万册及以下者加30%（此办法适用于全部书刊装订）。

⑬ 书刊装订完成后，如委印单位自办发行或特殊原因需暂存工厂者，以一个月为限，但必须先结清工料费用，过期可由工厂送交委印单位，运输费用由委印单位负担。如需继续存放在工厂内，每日按书刊总定价2‰计收保管费，每月结算一次，存放时间最长不得超过6个月。

⑭ 16开横开本加25%。特殊装画册和书刊者，工价另议。

⑮ 书刊中每增加一个彩页（一页二面）可按0.004元计，书中整版彩页应按书芯加工计。

⑯ 书刊需打捆者，每千印张收塑料绳、带费0.50元。

⑰ 凡用书刊胶订联动机者（马天尼、方野等），照此表工价加10%。

⑱ 用850mm×1168mm及以上规格的纸张者，照此表工价加20%。

附表4　书刊装订零件工价　　　　　　　　　　　　　（单位：元）

项目	计算单位	工价	项目	计算单位	工价
割一刀	千刀	5.00	折图表	千折	2.50
粘页	千页	4.00	折图表（开图）	千折	3.50
折页	千页	1.20	折前口	千册	20.00
平订书粘前环	千册	7.00	折前口（覆膜）	千册	32.00
贴前后环（点）	千册	10.40	加包封	千册	30.00

续表

项目	计算单位	工价	项目	计算单位	工价
贴前后环（裱）	千册	13.00	加丝带	千册	16.00
点续拷贝纸	千张	6.50	包里衬	千册	22.00
套页	千张	3.20			

注：① 开数在32开及以下者照此表工价计，16开及以上照此表加50%计，8开及以上照此表加100%计。

② 用850mm×1168mm及以上规格的纸张者，照此表工价加20%。

附表5　精装封面、活页加工价　　　　　　　　　　　（单位：元）

项目	计算单位	16开及大于32开	32开及大于64开	64开及以下
糊壳	个	0.19	0.15	0.13
活页夹	个	0.40	0.31	—

注：① 此表工价不包括封面布料的裱工，裱工应按实际情况另议。

② 糊封面4000个以上者按此表工价计，不足4000个按实际耗用工时计，但总价不得超过4000个的价格。

③ 用压塑料薄膜的纸糊封，照此表工价加50%。

④ 封面指定要圆角，找此表工价加20%。

⑤ 使用布脊纸面布角，工价另加30%，使用布脊纸面加20%。

⑥ 丝织品、毛织品、皮革等封面的糊工按实际耗用工时计算。

⑦ 糊壳大于16开者，工价另议。

⑧ 用850mm×1168mm及以上规格的纸张者，照此表工价加10%。

附表6　精装上封工价　　　　　　　　　　　（单位：元）

项目	计算单位	16开及大于32开	32开及大于64开	64开及以下
130页以下	每册	0.17	0.15	0.13
131～260页	每册	0.18	0.16	0.14
261～380页	每册	0.19	0.17	0.15
381～500页	每册	0.21	0.18	0.16
501～600页	每册	0.23	0.20	0.17

注：① 书刊上封4000册以上者按此表工价计，不足4000册者，按实际耗用工时计，但总价不得超过4000册的价格。

② 正文书页指定要圆角者照此表工价加5%。

③ 堵头布、卡纸、纱布由委印单位自备。

④ 套塑料封的工价照此表工价折扣计算：扒圆、糊花头都做者按80%计，只扒圆、不糊花头者按60%计，不扒圆、不糊花头者按50%计，书芯不加工，只套塑料封皮者按20%计（打包需垫衬纸者，纸由委印单位自备）。

⑤ 精装上封如601～650页照此表501～600页工价标准加5%，依此类推。

⑥ 上封大于16开者，工价另议。

⑦ 用850mm×1168mm及以上规格的纸张者，照此表工价加10%。

4.印后整饰

印后烫金、压印和覆膜工价，见附表7和附表8。

附表7　精装烫金、压印工价　　　　　　　　　　　（单位：元）

项目	计算单位	16开及大于32开	32开及大于64开	64开及以下
烫电化铝、色片	每次	0.07	0.04	0.03
烫金套色及套版	每次	0.09	0.09	0.09
压印	每次	0.04	0.03	0.03
烫金上版	每次	13.00	13.00	13.00

续表

项目	计算单位	16开及大于32开	32开及大于64开	64开及以下
烫金套色及套版上版	每次	19.50	19.50	19.50
压印上版	每次	6.50	6.50	6.50

注：① 此表所列工价不包括电化铝、色片等材料费，材料由委印单位自备。
② 不足2000次按2000次计算，2000次以上者按此表工价计。
③ 铺色片、电化铝费工者，按实际情况计算。
④ 烫金、压印每3万次计一次上版费。
⑤ 特殊加工工价另议。
⑥ 用850mm×1168mm及以上规格的纸张者，照此表工价加10%。

附表8　覆膜机覆膜工价　　　　　　　　　　　　　（单位：元）

开数	16开及以下者	12开	8开	6开	4开	对开
单价	0.12	0.14	0.20	0.24	0.32	0.50

注：① 书刊封面、卡片等，不足2000个按2000个计，1万以下按单个计，1万以上按纸张大小计。
② 以上价格包括工料费，膜价按每千克16元为标准，若膜价超过此标准者，每超过1元时照此表加10%，用进口材料价格另议。
③ 如有特殊纸张及其他原因造成费工费料者，价格可另议。
④ 用850mm×1168mm及以上规格的纸张者，照此表工价加20%。

5. 包装装潢

包装加工工价见附表9（包括：上版、版材、印刷、改色、包装、不含制版）、附表10（包括：模具、上版、模切整理费、包装费）和附表11。

附表9　包装、装潢、商标印刷工价　　　　　　　　（单位：元）

规格（开数）	计算单位	3000印及以内基础价	3000印以上超基础价（每印次）	4万印以上标准价（每印次）
780mm×540mm（2～3开）	每色	700.00	0.032	0.046
540mm×390mm（4～7开）	每色	500.00	0.023	0.033
390mm×270mm（8～13开）	每色	350.00	0.017	0.024
270mm×200mm（14开以下）	每色	260.00	0.013	0.018

注：① 此表工价以每张每色为计算单位，每张每色在3000印及以内者，只收基础价，印数在3000印以上至4万印者，除照收基础价外，还应另按超基础标准计收工价。其计算公式为：总金额＝基础价＋（实际印数－3000）×超基础加价，印数在4万印以上者，只按4万印以上标准价收费（不另收基础价），其计算公式为：总金额＝总印数×4万印以上标准价。
② 200g/m² 及以上的厚纸，40g/m² 及以下的薄纸，照此表加收30%；400g/m² 以上的厚纸加收25%；玻璃粉卡纸加收50%。
③ 铝箔纸（钢精纸）加收150%，描图纸加收150%，PVC胶片加收400%。
④ 凸印串色加收50%；用荧光墨加收100%。普通墨调入少量荧光墨加收50%；印金银墨时，按色地占纸张面积大小分别计算；墨占纸张的面积1/4者加收100%；面积占1/2者加收200%；面积3/4者加收300%；面积占3/4以上者加收400%。
⑤ 叠色、压凸各按加一色计算收费。
⑥ 烫印电化铝以2000张为计算起点，不足2000印按2000印计。2～3开每张每次0.07元；4～7开每张每次0.05元；8～12开每张每次0.035元；12开以下每张每次0.025元。
⑦ 上亮油2～3开每张0.15元；4～7开每张0.10元；8开及以下每张0.06元。
⑧ 印刷产品特别费工，或有特殊要求者工价另议。急件产品，根据不同情况可加收加急30%～50%（印刷要求在两天以内完成者加收50%；要求四天以内完成者加收30%）。
⑨ 胶印机跑空时，对开机每组每次收0.016元；四开机每组每次收0.01元。
⑩ 本收费办法如有不尽事宜，委印、承印双方临时商定。
⑪ 印完交货后，印版保留半年，到期不取者，不予保存。
⑫ 用850mm×1168mm及以上规格的纸张者，照此表工价加30%。但纸张超过900mm者按全张纸计。

附表10　刖型、模切加工收费标准工价　　　　　　　　（单位：元）

规格（开数）	2000刖张及以内基础价	超基数每增加一刖张加收标准
780mm×540mm（2～3开）	850	0.05
540mm×390mm（4～7开）	600	0.035
390mm×270mm（8～13开）	420	0.025
270mm×200mm（14开以下）	320	0.019

注：① 此表工价以每张每刖次（每刖张）为计价单位。每刖张在2000刖次及以内者，只收基础价；超过2000刖次者，除照收基础价外，还应另按超基础标准计收工价。其计算公式为：总金额＝基础价＋（实际印数－2000）×超基础加价。
② 产品成型，特别费工、特别复杂者工价另议。
③ 急件产品根据不同情况，加收30%～50%（三天以内交货加收50%，五天以内交货加收30%）。
④ 用850mm×1168mm及以上规格的纸张者，照此表工价加30%。但纸张超过900mm者按全张纸计。

附表11　糊盒加工收费标准工价　　　　　　　　（单位：元/个）

开数	糊一道口	糊一道口自封底点糙糊	倒口
2～3开	0.035	0.08	0.01
4～7开	0.035	0.07	0.008
8～18开	0.02	0.045	0.006
19～32开	0.015	0.035	0.004
33～64开	0.011	0.025	0.002
65开以下	0.008	0.016	0.001

注：① 糊盒加工3000个以上者，按此表工价计，不足3000者，按实际耗用工时计，但总价不得超过3000个的价格。
② 用850mm×1168mm及以上规格的纸张者，照此表工价加30%，其他开数以787mm×1092mm规格纸套算。
③ 此表工价系一般盒收费标准。如有特殊盒形，可根据费工、费料的实际情况，工价另议。

6.纸张、装订加放率

纸张、装订加放率见附表12、附表13、附表14、附表15和附表16。

附表12　铅印印刷、装订加放率（单面、平台）

印数/万	加放率/‰	
	印刷	装订
0.5以下	10	15
0.5～1	9	14
1～3	8	13
3～5	7	12
5以上	6	11

注：① 上版纸，每台版15张，超过10万印按两次计。
② 印数不足2000按2000计。
③ 米力机印薄纸，印、装各加放20‰，单面薄纸印刷加放25‰、装订加放20‰。
④ 三本以上（包括三本）的配套书印刷不动，装订增加5‰。
⑤ 纸质过次由厂、社双方另议。

附表13　图版印刷、装订加放率

印数/万	印刷	加放率/‰		
		装订		
		封衬	其他	
0.5以下	7	14	9	
0.5～1	6.5	14	9	
1～3	6	13	8	
3～5	6	13	8	
5以上	5	13	5	

注：① 上版纸，每色15张（按实际计开数算）。
② 印数不足2000按2000计。
③ 45g/m² 及以下薄纸另议。

附表14　胶印平台印刷（书版）、装订加放率

印数/万	加放率/‰	
	印刷（每色）	装订
0.5以下	9	15
0.5～1	9	14
1～3	9	13
3～5	9	12
5以上	9	11

注：① 印刷加放每色不足60张，按60张计。
② 装订印数不足2000按2000计。
③ 45g/m² 及以下薄纸另议。

附表15　彩色印刷、装订加放率

印数/万	印刷（每色）	加放率/‰		
		装订		
		期刊封面	图书封衬	其他
0.5以下	9	9	14	9
0.5～1	9	8.5	14	8.5
1～3	9	8	13	8
3～5	9	7.5	13	8
5以上	9	7.5	13	7.5

注：① 印刷加放每色不足60张，按60张计。
② 装订印数不足2000按2000计。

附表16　卷筒纸包干定额数量表（轮转）

类别	纸张标准		包干每吨出纸令数	
	每吨应出令数	每令平均重量	铅轮	胶轮
52g/m² 凸版	44.345	22.55	41	40
51g/m² 新闻	45.208	22.12	42	41

续表

类别	纸张标准		包干每吨出纸令数	
	每吨应出令数	每令平均重量	铅轮	胶轮
49g/m² 新闻	47.059	21.25	44	43

注：① 以上指标为丹东、金城、岳阳、柳江、石砚、南平、吉林纸厂的纸张。
② 其他纸厂的纸张，根据纸张的优劣由厂、社另议。

附录6　上海地区工价体系

上海地区书刊印刷和印后加工在计算时要注意以下事项。
① 本工价在计算时，加价部分的百分比一律连加后再和单价相乘，最后加上税率。
② 本工价可以分段计算，加工单位在排版、制版、印刷、装订等工序完成后，可向委印单位收款。
③ 运费：委印单位与加工单位对原材料、成品、半成品各承担一次运输。
④ 书刊印、装计算法为：[单价×印数×印张+辅助（说明）]×1.17。
⑤ 彩印计算方法为：(单价+说明)×印数×对开版数×1.17。

1.黑白胶印

书刊印刷工价见附表17和附表18。

附表17　书刊印刷工价　　　　[单位：元/印张（不含税）]

印数	1200册及以下	1201～2200册	2201～3200册	3201～4200册	4201～5000册	5001～10000册	10001～15000册	15001～30000册	30001册以上
单价	0.14	0.12	0.08	0.064	0.048	0.04	0.034	0.03	0.025

注：① 不足1000册以1000册计价。
② 纸张大于787mm×1092mm，每印张加15%计。
③ 单面印产品，每印张以50%计。
④ 胶轮印刷，每印张单价减少0.005元。
⑤ 不足半印张作半印张计，超过半印张以1个印张计。
⑥ 正文印双色（文字、线条），计算方法为：[书刊印刷单价×印张×2（色数）×印数+辅助（说明）]×1.17。
⑦ 正文印单色（文字、线条），计算方法为：[书刊印刷单价×印张×印数+辅助（说明）]×1.17。
⑧ 45g/m² 用纸在及以下每印张加30%。
⑨ 凡印数超过5万以上价格面议。

附表18　书刊印刷辅助工价　　　　[单位：元/印张（不含税）]

项目	拼版	拼版片基	晒蓝图
工价	20.00	14.40	24.00

注：① 32开以下开本，辅助工价照此表乘上系数计价（系数：开本/32）。
② 书刊印刷辅助工价每印张晒蓝图费用在工价结算时，需附蓝图样，无蓝图不能计价。

2.印后装订

书刊装订工价见附表19和附表20。

附表19　书刊装订工价　　　　　　　　　　［单位：元/印张（不含税）］

印数	1000～2000		2001～10000		10001～30000		30001以上	
装订方式	骑马订、平订	锁线订、胶订	骑马订、平订	锁线订、胶订	骑马订、平订	锁线订、胶订	骑马订、平订	锁线订、胶订
工价	0.022	0.03	0.021	0.028	0.019	0.026	0.016	0.024

注：① 正文用纸大于787mm×1092mm加20%计。

② 封面、插页、插表、环衬以实际页数折合成印张。整本书以实际页数相加不足半印张作半印张计，超过半印张以1个印张计。

③ 24开、48开照32开计，64开照1.5倍计。

④ 订数不足1000本，以1000本计价。

⑤ 正文用纸100g/m² 及以上加10%，45g/m² 及以下用纸加30%。

⑥ 凡装订16开本，装订工价以9折计算。

⑦ 串线后上胶不论印张，每本另加0.03元（不含税）。

⑧ 凡印数超5万以上价格面议。

⑨ 装订厂在加工结束后，如果有缺书不齐情况，一般按图书码洋的50%扣减加工费，多出图书按加工成本计算。

附表20　装订辅助工价　　　　　　　　　　［单位：元（不含税）］

项目	类别	单位	工价
做壳（含中径纸）	—	每只	0.45
法式精装		每只	0.30
PVC上壳	—	每只	0.25
烫（火）印、轧凹凸	机烫四开	每张	0.08
	手工	每次	0.08
烫电（火）铝、烫粉片	机烫四开	每张	0.10
	手工	每次	0.10
加丝带	—	每根	0.02
书页前后加白卡	—	每本	0.05
包护封、套塑套书	—	每本	0.03
勒口封面、套腰封	—	每本	0.02
上塑封面	—	每本	0.03
轧钢线	—	每根	0.005
铜版纸（不含骑订）	—	每页	0.008
配套书（2本为限）	平装本	每本	0.02
	精装本	每本	0.025
	骑马订	每本	0.01

注：① 凡不足1000册以1000册计算（全书铜版纸除外）。

② 勒口封面计辅助工价后，不再按印张计算。

③ 取消上光、过油封面0.03元工价。

④ 正文插页及沿页超过1印张以上可按0.008元/页计价。

⑤ 装箱价格面议。

3. 彩色胶印

彩色胶印工价见附表21和附表22。

附表21 彩印工价　　　　[单位：元/四色对开单面（不含税）]

印数	铜版纸	轻涂纸	胶版纸
1200及以下	0.6036	0.5267	0.5453
1201～1700	0.5583	0.4762	0.4864
1701～2200	0.3984	0.3403	0.3477
2201～2700	0.3523	0.2950	0.2983
2701～3200	0.2881	0.2411	0.2442
3201～3700	0.2437	0.2044	0.1853
3701～4200	0.2112	0.1770	0.1786
4201～4700	0.1864	0.1565	0.1454
4701～6200	0.1667	0.1394	0.1416
6201～10000	0.1296	0.1026	0.099
10001～20000	0.1143	0.0873	0.083
20001～40000	0.1071	0.0801	0.075
40001及以上	0.1044	0.0774	0.072

注：① 纸张（以787mm×1092mm为准）上车尺寸超过对开者，按此表加15%。用纸250g/m²以上者加40%。45g/m²以下加30%，70g/m²以下轻涂纸按铜版纸工价计。

② 彩色加印金、印银按此表单价另加50%，大面积印金、印银以及印其他特种油墨，如荧光墨及特种纸印刷等，工价另议。

③ 全张纸上车，按同类纸照此表工价加倍计。

④ 三开纸用对开机印刷，照上述工价计。四开软片印刷按此表工价70%计。

⑤ 双色印刷照此表单价50%计，3色照75%计，5色照125%计，单色色墨（黑色除外）及铜版纸黑白印刷照25%计。

⑥ 印数不足1000册以1000册计价。

⑦ 纯质纸、轻型纸、环衬艺术纸按胶版纸计价。

⑧ 年画、年历、用牛皮纸打包，每包收打包费1.00元。

⑨ 计算中单面对开4色作为系数1，求出对开版数后计算工价。

附表22 彩色拼版、拷版工价　　　　[单位：元/面·色（含税）]

开本	32开	16开	8开	4开	对开
单价	7.00	9.00	13.50	26.00	50.00

注：① 以上标准指以小阳图原版制成阳图上车版。只拷一次阴图或阳图的单价另议。

② 大开本另加10%，未列出的开本，取相邻2个开本的中间值。

③ 软片费按成品尺寸另加。

④ 扫描单价：1.00元/兆。

⑤ 客户提供阴图散片直接上车的，按照书刊印刷辅助工价（拼版）的标准，另加20%费用。

⑥ CTP不再另计价。

4. 印后整饰

印后覆膜、UV等工价见附表23和附表24。

附表23　贴塑、过油工价　　　　　　　　　　[单位：元/张（不含税）]

项目	尺寸	光膜	亚膜	过油
全张	787mm×1092mm	0.616	0.708	0.308
对开	540mm×780mm	0.312	0.359	0.156
大对开	590mm×880mm	0.368	0.423	0.184
三开	360mm×780mm	0.24	0.276	0.12
大三开	390mm×880mm	0.288	0.331	0.144
四开	390mm×540mm	0.16	0.184	0.08
大四开	440mm×590mm	0.192	0.221	0.096
六开	360mm×390mm	0.12	0.138	0.06
大六开	390mm×440mm	0.152	0.175	0.076
八开	270mm×390mm	0.08	0.092	0.04
大八开	295mm×440mm	0.096	0.11	0.048

附表24　UV、压纹、模切工价　　　　　　　　[单位：元/张（不含税）]

项目	类别	单位	单价
UV	32开、16开	每本	0.13
	超2/3大面积、磨砂UV、亚UV价格另议		
铜版纸压纹	大对开	每张	0.18
	大三开	每张	0.12
	大四开	每张	0.094
	正对开	每张	0.15
	正三开	每张	0.094
	正四开	每张	0.073
模切	4开及以上	每张	0.034
	3开及以上	每张	0.05
	对开及以上	每张	0.068
	以上排刀另计，90～200元，以印数2万册及以下计。		

附录7　广东地区工价体系

本工价包含增值税在内，计算说明部分的加价百分比，均应项目相加后再和单价相乘。书刊印、装计算方法为：单价×加价说明百分比×印张×印数/1000（增值税发票）。

1.平版胶印

胶印彩色及黑白印刷工价见附表25～附表27。

附表25　平版印刷单项加工工价　　　　　　　　　　（单位：元）

项目	计算单位	单价	
晒上版（文字、彩色）	每对开	文字	55.00
		彩色	70.00
正文文字拼版单色（包括片基）	32开本每对开	40.00	
封面拷联版	每对开/色	70.00	
拼图（直接拼图），改版（每色）	每个	2.00	
4色出单版片拼对开印4色	每对开（4色/套）	200.00	
晒蓝样	每对开	15.00	

注：① 轮转、平版（四色、单、双色机）晒上版，均用此统一单价。
② 对开机均按40千印收一次晒上版费（不足0.5印张按1块版计，超0.5印张按2块版计）。
③ 正文拼版：16开本按单价减20%，64开本以下按单价加20%，8开或4开本按单价70%收费。
④ 正文工厂因生产工艺需要印双版，不另收拷版费、晒上版费。
⑤ 双色出单版拼对开版印4色出单版拼版的50%计。

附表26　平版正文印刷工价　　　　　　　　　　（单位：元）

项目	计算单位	单价
平台机	色令	15.00
轮转机1万册以下（含1万）	色令	10.00
轮转机1万册以上	色令	8.00

注：① 平版机为单、双色单张纸胶印机，单双色印刷按此表工价。
② 平版机或轮转机每色印数不足3对开千印者按3对开千印计。
③ 用850mm×1168mm及以上规格的纸张者，照此表工价加收20%。
④ 用专色墨印正文加10%。

附表27　平版彩色印刷工价　　　　　　　　　　（单位：元）

项　目	计算单位	单价
彩印平台机单价	色令	25.00
8色胶印轮转机单价	色令	20.00

注：① 封面开机价480元，版材另计（用850mm×1168mm及以上规格的纸张者，另收20%，超200g/m²加20%）。
② 正文及插页4色印刷不足1.5对千印按1.5千印计（用850mm×1168mm及以上规格的纸张者，加收20%）。
③ 8色胶印轮转不足5对开千印按5千印计（用850mm×1168mm及以上规格的纸张者，加收20%）。
④ 印金银油墨者，另议补收油墨差价。
⑤ 专色墨印刷加10%。特别指定油墨的精印或特制产品，价格由双方另议。

2.印后装订

装订加工工价见附表28（包括扣皮、脊料、胶）～附表30（包括正文单页和双页、环衬、扉页、插图、插表等装订零件）和附表31（包括开料、做壳、糊工、起脊、糊花头、压沟、贴衬、裱封含花头、脊纸、纱布等材料）。

附表28　32开、16开、装订工价　　　　　　　　　　（单位：元）

印　　数	每令单价			
	骑马	平订	胶订	串线
2000以下	15	25	40	50

续表

印 数	每令单价			
	骑马	平订	胶订	串线
2001～5000	14	24	35	48
5001～10000	13	22	33	45
10001～30000	12.50	18	30	42
30001以上	11.50	15	28	40

注：① 不足2000按2000计。
② 铜版纸加30%，64开加20%，64开以上另议。
③ 1000面以上厚本书工价另议。
④ 横本订加10%。

附表29　装订辅助加工工价　　　　　　　　　　　　（单位：元）

项目	计算单位	单价
折页	令	2.00
热溶胶（指正文超1000码，需扪2次脊）	令	5.00
成书困扎（底面黄板纸，扎尼龙纸）	令	1.50
小包包书（包括2层包装纸在内）	包	0.45
包大包（包括双层牛皮纸在内）	包	1.50
入箱（包括井字包装带在内，纸箱另计）	箱	1.50

注：① 折页铜版纸、折64开加50%，45g/m² 纸及以下加30%。
② 小包包书以32开为基价，16开加50%，配本包加30%。

附表30　装订零件工价　　　　　　　　　　　　（单位：元）

项目	计算单位	16开及大于32开	32开及以下	项　目	计算单位	工价
贴前环衬	千册	6.50	5.50	一折图、表（包粘页）	千张	10.00
平订书贴前本衬	千册	8.50	7.30	二折图、表（包粘页）	千张	15.00
贴前后环衬	千册	13.00	11.00	三折图、表（包粘页）	千张	20.00
压钢线、压暗线（指特种工艺，不含正常扪皮）	千印	5.00		四折图、表（包粘页）	千张	50.00
勒口	千册	30.00		加包封	千册	30.00

附表31　精装书加工工价　　　　　　　　　　　　（单位：元）

项　目	单　位	单　价		
		16开	32开	64开
方脊加工	本	2.00	1.20	0.90

注：① 手工制作不足300本按300本计，精装机械联动1000本按1000本计。
② 圆脊按单价加10%。
③ 32开、16开1000面以上的厚本书加10%。

3.印后整饰

印后覆膜工价见附表32。

附表32 覆膜工价　　　　　　　　　　　　　（单位：元）

项目	计算单位	单价											
		全开	对开	3开	4开	5开	6开	7开	8开	9开	10开	12开	16开	32开
覆膜（一次粘合）	张	1.00	0.42	0.32	0.21	0.18	0.15	0.13	0.11	0.10	0.09	0.08	0.06	0.05

注：① 按纸张实际开度计，不足500张按500张计，超过500张按实际计。
② 纸张覆膜材料由工厂负责，如覆膜材料由委印单位负责，工价另议。
③ 此表以787mm规格纸为基价，如用850mm×1168mm及以上规格纸加10%。
④ 双面覆膜者除双面计外，另加10%。
⑤ 哑胶加20%。

4. 印刷加放

印刷和装订加放率见附表33。

附表33　印刷加放率

彩色胶印封面插页加放率		胶印正文纸张加放率		胶印轮转正文加放率（单面）	
印数	每色令加放率/‰	印数/册	每色令加放率/‰	印数/册	每色令加放率/‰
1令以下	50	1000～3000	40	5000以内	25
1～4令	35	3001～5000	30	5001～10000	20
4令以上	25	5001～10000	18	10001～20000	16
5令以上	18	10001～20000	16	20001～50000	12
6令以上	15	20001～40000	12	50001～300000	10
8令以上	14	40001～50000	10	300000以上	9
10令以上	10	50000以上	9		

注：以上纸张加放率均含装订消耗数在内。

参 考 文 献

[1] 王国庆等. 印刷成本计算. 北京：中国劳动社会保障出版社，2005.
[2] 张立民. 印刷业务员必读手册. 北京：印刷工业出版社，2007.
[3] 马若丹. 印刷工艺与计价. 北京：印刷工业出版社，2007.
[4] 黄燕等. 印刷计价报价速算手册. 北京：化学工业出版社，2008.